햇빛 에너지 마을에 놀러 오세요

일러두기
이 책에 실린 이야기는 저자가 취재하고 조사한 내용을 바탕으로 일부 각색했습니다.

귀를 기울이면 에너지 자립 마을 이야기

햇빛 에너지 마을에 놀러 오세요

글 임정은 그림 신슬기

우리학교

이야기를 시작하며
살기 좋은 마을의 공통점은?

제가 좋아하는 두 마을을 소개할까 해요. 그 마을에는 제가 친구라고 부르는 사람들이 살아요. 두 마을은 서로 떨어져 있지만 닮은 점이 많아요.

우선, 마을 사람들이 다들 편안한 얼굴이에요. 눈이 마주치면 서로 웃으면서 인사해요. 가게에 들어가면 다정하게 서로 안부를 묻지요. 때로는 문을 빼꼼히 열고 가게에 들어와서는 귤만 잔뜩 놓고 가 버리기도 합니다.

"귤이 집에 많이 들어와서요. 드셔 보시라고요."

흉허물 없이 오래 알고 지낸 사람들 특유의 무심한 듯하지만 챙겨 주는 마음이 느껴지지요.

마을 전체가 길고양이에게 친절하고 너그럽다는 점도 공통점입니다. 아프거나 다친 고양이를 구조하고 입양을 보내는 데 모두가 한마음으로 참여하지요.

가끔 마을에서 벼룩시장, 바자회가 열린다는 것도 비슷하네요. 내가 안 쓰는 물건, 그런데 버리기에는 너무 멀쩡한 물건들이 새 주인을 찾아가 쓰임을 다하지요.

오지랖 넓은 사람들이 많다는 것도 비슷합니다. 꼭 내 일이 아니라도 도움이 필요한 사람을 지나치지 못하고 도와주고요. 올바르지 못한 일에 대해서는 싫은 소리도 서슴지 않고 이야기하지요.

제가 아는 마을의 이야기를 '미래'와 '윤미 씨'라는 사랑스러운 두 인물을 세워 동화로 들려드립니다. 동화 속 '엄지 마을'이 여러분이 살고 있는 마을과 비슷한 모습일지는 모르겠어요. 아쉽게도 이웃끼리 서로 돕고 어깨를 걸고 사는 마을이 점점 사라지고 있으니까요. 신도시와 아파트가 많아져서 그런 걸까요? 아파트는 모든 집들이 붙어 있지만 각각 독립적이지요. 이웃과 교류하지 않고 남의 일에 참견하지 않는 게 예의 바른 일로 여겨지기도 하고요.

　일상의 시계는 점점 빨라지고, 내 일만 하기에도 하루 24시간이 부족해요. 어린이와 청소년은 학교와 학원에 다니느라 빠듯하고, 어른은 노동으로 돈을 벌어야 하니 언제나 바쁩니다. 가족끼리도 여유 있게 눈 한번 마주치기 어려운 세상이지요.

　그래서 두 마을의 이야기를 여러분에게 꼭 전하고 싶었어요. 다들 바쁘고 힘든 시대를 살아가지만 그럴수록 주변을 돌아보며 소외되고 약한 사람들을 걱정하는 마음이 소중하기 때문입니다.

　'지속 가능성'이라는 말을 많이 들어 봤을 거예요. 지구에서 인간이 계속 살 수 있는 방법을 찾는 것을 뜻해요. 또 지금까지 우리가 누린 편리함을 버리고, 조금 불편하더라도 더는 자연 생태계를 파괴하며 살지 말자는 의미도 담겨 있어요. 쉽지 않은 일이지만 그래도 혼자가 아니라서 할 수 있습니다.

　코로나19 팬데믹과 미세 먼지, 산불, 홍수, 지구 온난화 등 기후 위기를 온몸으로 겪고 있는 이때, 절망감에 빠져 아무것도 하지 않는 걸 선택할 수도 있습니다. 그러나 어떤 사람들, 엄지 마을 주민 같은 분들은 미래 세대를 위해 책임감을 느끼고 서로 연대하며 자신이 할 수 있는 일을 찾아서 묵묵하게 하고 있어요.

제 주변에는 늘 이런 사람들이 있었지요. 체념하고 포기할 수도 있지만, 아무것도 하지 않는 대신 무엇이라도 하는 사람들이요. 우리의 행동이 아무리 미미하더라도 지레 실망하거나 포기하지 않으며, 끝이 보이지 않는 싸움에도 끝까지 맞서지요. 아주 조그마한 모서리도 둥글게 만들겠다는 의지로 자신의 몸과 마음을 다하는 어리석고도 끈질긴 사람들입니다.

저는 이런 사람들 곁에 있고 싶고 이들을 닮고 싶어요. 이 소망을 담아 쓴 동화를 어린이 여러분은 어떻게 읽을지 무척 궁금해집니다.

임정은

차례

이야기를 시작하며
살기 좋은 마을의 공통점은? · 4

길을 잃은 자전거 언니 · 11

햇빛이 에너지예요 · 31

끝도 없이 나오는 쓰레기 · 53

'고기'라고 불리는 동물 · 73

당신을 햇빛과 바람의
수호자로 임명합니다 · 99

길을 잃은 자전거 언니

 윤미 씨가 눈을 뜹니다. 창으로 들어오는 햇살에 눈이 부셔서 더 잘 수가 없었거든요.
 "어, 열두 시가 다 되었네!"
 한낮이 되도록 늦잠을 잔 거예요. 피곤하기도 했지만 늦잠을 자도 괜찮은 날이거든요. 일요일이니까요.
 창문을 여니 초등학교 운동장과 학교 뒤로 펼쳐진 푸릇푸릇한 엄지산이 보입니다.
 "이거야, 이거. 이사를 잘 왔어. 산이 보이는 뷰라니!"

며칠 전 윤미 씨는 엄지 마을 해님 빌라 3층으로 이사 왔어요. 창문 밖의 탁 트인 풍경이 참 좋았지요.

이사를 와서 좋은 점은 그뿐이 아니었어요. 이전 집은 직장과 멀어서 출근에만 두 시간을 써야 했어요. 엄지 마을은 직장과 가까워서 아침이 한결 여유로워졌답니다. 그리고 무엇보다 마을 안쪽에 엄지산이 든든히 버티고 있는 게 마음에 들었습니다. 산과 숲, 나무를 좋아하는 윤미 씨는 그래서 엄지 마을이 더 마음에 들었어요.

아직 풀지 못한 옷상자와 책 보퉁이가 여기저기 그대로 쌓여 있지만 그렇게 거슬리지는 않았어요. 물건을 제자리에 정리하는 일은 천천히 할 생각입니다. 오늘은 느긋하게 일요일을 즐길 계획이거든요. 밀린 빨래와 청소를 해 놓고 어슬렁어슬렁 동네 구경을 다닐 거예요. 저녁으로는 배달 음식을 주문해 먹으면 되고요.

거울 앞에 선 윤미 씨. 눈곱만 떼는 고양이 세수를 마치고 야구 모자를 푹 눌러씁니다. 장바구니와 지갑을 챙깁니다. 빌라 주차장 한쪽에 매 놓은 자전거를 꺼내 페달을 밟습니다.

"출발!"

윤미 씨의 밝고 명쾌한 목소리가 힘차게 퍼져 나갔어요.

한적한 주택가 골목을 혼자 누비는 기분이 아주 여유롭고 좋았지요.

"날도 좋은데 동네를 샅샅이 구경하겠어. 내가 살 곳인데 제대로 알아 둬야지."

장미 넝쿨이 담벼락 밖으로 늘어진 모습이 참 예뻤어요. 어떤 집에는 커다란 감나무와 대추나무가 마당에 시원한 그늘을 만들었어요.

"안녕, 야옹아!"

윤미 씨를 보고 얼른 숨어 버리는 얼룩무늬 길고양이한테도 다정하게 인사를 건넵니다.

"나 이사 왔어. 앞으로 자주 보고 얼른 친해지자."

윤미 씨는 골목길에서 집집이 핀 꽃과 화분을 구경하느라 자전거를 제대로 탈 수 없을 지경이었어요.

"아니, 이 꽃은 처음 보는데? 너무 이쁘다. 이름이 뭘까?"

어느새 자전거를 끌며 천천히 걷고 있었습니다. 마음에

드는 식물이 보이면 스마트폰을 꺼내서 사진도 찍고, 앱으로 식물 이름도 찾아봤지요. 손이 바빠서 자전거를 붙들기가 힘들었어요.

"아유, 자전거를 놓고 걸어올 걸 그랬나 봐."

마음 같아서는 자전거를 그냥 버리고 싶을 만큼 윤미 씨는 골목 구경에 푹 빠졌습니다.

어떤 집 앞에는 빨간 고무 대야에 화분처럼 흙을 채워 놓았습니다. 작은 나무와 꽃이 피어 있었지요. 시멘트 담장 끝, 흙이 드러난 아주 좁은 땅에 고추랑 완두콩 모종을 심은 집도 있었고요. 손바닥만큼이라도 흙이 있으면 자라는 건 식물이라는 생명의 본능인가 봅니다. 윤미 씨 눈에는 아주 작은 땅에라도 무엇이든 심고 키우려는 사람들의 마음도 보였습니다.

'나무를 심고 꽃을 가꾸고 감상하는 거, 또 작물을 길러서 먹는 것도 사람의 본능일 거야.'

골똘히 바라보던 윤미 씨는 그 생각을 실천해 보면 어떨까 궁금해졌어요.

'나에게도 그런 본능이 있을까? 나도 뭔가 심어서 길러

볼까? 아니, 근데 풀 한 포기라도 심을 손바닥만 한 땅이라도 있어야 말이지.'

윤미 씨는 이런저런 생각을 하면서 골목길 안쪽까지 구석구석 누볐습니다. 이름을 아는 몇 개 안 되는 나무 하나하나에, 이름 모르는 꽃까지 아는 척을 하느라 발걸음이 느긋했어요. 모르는 사람이 윤미 씨를 봤다면 먼 도시에서 엄지 마을에 쉬러 온 여행자처럼 보였을 거예요.

얼마나 시간이 지났을까요? 얼굴이 후끈후끈, 온몸에 땀이 촉촉이 배어났습니다. 목이 타서 물이 몹시 마시고 싶었지요.

"휴, 이제 슬슬 집에 가야겠다."

윤미 씨는 자전거를 돌려, 오던 길을 되짚어갔습니다. 그런데 골목이 비슷비슷해서 어디에서 오른쪽으로 꺾었는지, 왼쪽으로 꺾었는지 기억이 나지 않았어요.

분명 한참을 걸었는데 아까 지나간 빨간 담장 집 대문 앞에 다시 와 있었어요. 어질어질한 게 쉬었다 가야 할 것 같았지요. 벽에 손을 짚고 땀을 닦고 있는데 기분이 이상했습니다. 누군가 뚫어져라 보는 시선이 느껴졌거든요.

'쟤는 뭐지? 왜 저렇게 기분 나쁘게 빤히 쳐다보는데? 내가 뭘 잘못하기라도 했나?'

저만치 윗동네로 이어지는 계단 중간에서 한 아이가 윤미 씨를 내려다보고 있었습니다. 생각해 보니 아까 고춧대를 보고 있을 때도 웬 아이가 눈에 띄었습니다. 말 꼬리처럼 머리를 올려 묶은 그 아이가 맞는 것 같았어요.

사실 아이는 아까부터 윤미 씨를 보고 있었어요. 그리고 지금도 계단에서 줄곧 내려다보고 있습니다. 아이는 윤미 씨가 골목을 벗어나 큰길로 나가서 제대로 방향을 잡으면 집에 가려고 했어요. 그러나 한참을 지켜봐도 윤미 씨는 같은 구역을 빙빙 돌고만 있었습니다. 자전거까지 끌고 가느라 무척 힘들어 보였지요. 사람이 자전거를 끄는 게 아니라 자전거가 사람을 끌고 가는 것처럼 보였어요.

"안 되겠네, 안 되겠어."

아이는 큰 소리로 윤미 씨를 부르더니 다가갔습니다.

"언니! 자전거 언니!"

"지금 나 부른 거니, 꼬마야?"

"꼬마? 나 꼬마 아니에요."

"아, 미안해, 요."

"언니 길 잃었지요?"

"그, 아, 그게, 그런가?"

"길 찾는 거 도와줄게요. 나 이 동네 잘 알아요."

"그, 그래?"

"여기서 평생 살았으니까요."

"평생? 푸후후훗."

"왜 웃어요?"

아이의 당돌한 말투에 윤미 씨는 '찔끔' 하고 웃음을 그쳤습니다.

"언니, 우리 마을에 처음 왔어요?"

"응. 해님 빌라에 이사 왔어요."

"그럴 수 있어요. 나라도 엄지 마을에 처음 왔다면 골목을 헤맸을 거예요. 괜찮아요. 해님 빌라? 엄지 초등학교 바로 앞에 있지요? 내가 데려다줄게요."

아이가 자연스레 앞장서며 길을 걸었어요. 윤미 씨는 저도 모르게 아이를 뒤따라갔습니다.

"저는 거기 엄지 초등학교에 다녀요. 5학년 3반. 5학년이면 알 건 다 아는 나이죠! 아 참! 언니, 그 웃긴 이야기 알아요?"

아이는 말이 많았습니다. 저렇게 계속 말하면 힘들지 않을까, 하는 생각이 들 정도로 쉴 새 없이 조잘거렸어요.

"정말 웃긴 숫자 마을 이야기예요. 잘 들어 보세요. 어느 날, 7이 지나가는데 숫자들이 '안녕, 1.' 이렇게 불렀어요. 7은 생각했어요. '어, 왜 나를 1이라고 부르지? 이상하다.' 하면서 의아해했는데, '야, 1! 머리 모양 바꿨니? 앞머리 내리니까 잘 어울린다.' 그랬대요. 풋, 웃기지요? 머리를 내렸대요! 이히히!"

아이는 혼자 깔깔거리느라 걷지도 못하고 제자리에서 배꼽을 잡고 웃었어요. 윤미 씨도 덩달아 멈춰 서서 같이 웃었습니다.

'이상한 애는 아닌 것 같고, 좀 특이하네.'

아이를 따라서 골목을 걷다가 오른쪽으로 몇 번, 왼쪽으로 몇 번인가 꺾어 도니 해님 빌라가 나왔어요.

"와! 집에 다 왔네요. 덕분에 무사히 왔어. 고마워요, 꼬…… 아니, 뭐라고 불러야 하지? 알려 줄래요?"

아이는 입을 앙다물고 아무 말도 안 하더니 대뜸 윤미 씨에게 되물었습니다.

"언니는 이름이 뭐예요?"

"아, 나는 윤미. 진윤미예요."

"윤미? 윤미 언니. 언니는 좀 특이해 보이지만 나쁜 사람은 아닌 것 같아요. 언니도 알겠지만 세상에는 위험한 사람들이 많잖아요. 그런데 언니한테는 내 이름을 알려 줘도 괜찮을 것 같아요. 나는 미래. 윤미래예요."

"우리 이름에 똑같이 '윤'이랑 '미'가 들어가네?"

"우리 할머니가 그랬어요. 우연은 없대요. 인연에는 다 뜻이 있고 그렇게 이어져서 만나게 되는 거랬어요."

윤미 씨는 미래에게 손을 내밀었어요. 두 사람은 굳세게 악수를 나누었지요.

"고마워요, 어린이 친구. 이 동네에 이사 와서 처음으로 아는 사람이 생겼어요. 그런 의미에서 우리 친구가 되는 건 어때요? 서로 말도 편하게 하고. 그러니까 존댓말 안 쓰고 서로 말 놓는 거야, 어때?"

"응. 좋아."

미래가 흔쾌히 대답했어요.

"친구 하자고 먼저 말해 줘서 고마워. 언니는 좋은 어른인 것 같아."

미래는 신났는지 발을 동동 구르며 길 아래쪽을 가리켰습니다.

"이제 친구니까 편하게 말할게. 저기 파란 지붕 보여? 저기가 우리 마을 대표 카페야. 난 저기에 자주 놀러 가. 거기서 책도 읽고 마을 사람들이랑 얘기도 하고 친구들이랑

놀아. 그럼, 다음에 또 봐, 윤미 언니!"

윤미 씨는 작아지는 미래를 보며 오래 손을 흔들었어요. 언제 다시 만나자고 날짜를 정해서 약속하지 않았지만 저 카페에 가면 곧 보겠구나, 하는 생각이 들었어요.

꼬르륵.

갑자기 배고픔이 밀려왔습니다.

"빨리 배달 앱으로 음식 시켜야겠다."

빌라 계단을 성큼성큼 올라가서 집으로 쌩하고 들어갔습니다. 맛있는 음식을 시켜 먹을 생각에 힘이 불끈 솟았거든요.

함께 생각해 봐요!

어디서부터 어디까지가 우리 마을일까요?

'마을'이라는 말을 들어 본 적 있을 거예요. 국어사전에서 '마을'을 찾아보면 여러 집이 모여 사는 곳을 가리켜요. 지명에 많이 남아 있는 '~말'이라는 말도 '마을'이 줄어서 그렇게 붙었다고 해요.

그럼 여러분은 '우리 마을', '우리 동네'라고 말할 때 어디서부터 어디까지라고 생각해요?

우리 집을 중심으로 내가 다니는 학교, 내가 자주 가는 가게, 가까운 버스 정류장이나 지하철역 정도의 공간을 마을이라고 생각하나요?

'시'나 '구', '동'처럼 주소의 행정 구역에 따라 구분하나요?

　아마 마을은 주소나 행정 구역과는 조금 다르다고 느낄 거예요. 마을은 경계나 거리가 정확하게 정해져 있지 않아요. 사람마다 가깝거나 멀게 여기는 관계에 따라 달라질 수 있지요. 그래서 각자 친숙하게 느끼고, 동네 친구나 아는 사람이 많은 곳, 자주 가는 가게나 뒷산, 공원 등 익숙한 장소가 있는 곳을 아울러 '우리 마을'이라고 말할 거예요.

　한편 한곳에서 아주 오래 살아도 집에서 보내는 시간이 적고, 집 주변을 잘 다니지 않고, 이웃과 관계를 맺지 않는다면 내가 사는 곳을 '우리 마을'이라고 생각하기는 어려울 수도 있어요.

　그래서 마을은 특정한 공간과 지역을 일컫는 말이면서, 사람들 사이의 관계, 친숙함, 소속감에 따라 의미가 달라지는 말이에요.

마을 공동체가 무엇일까요?

　'마을 공동체'는 마을 안에서 주체적·민주적으로 살아가고 협력하는 주민들의 자치 공동체를 말해요. 요즘에는 각자 살기 바빠 이웃끼리 서로 얼굴도 모른 채, 인사도 하지 않고 지내기 쉬워요. 그래서 서로 안부를 물으며 걱정하고, 도움을 주고받는 이웃 관계를 되찾기 위해 만들어진 개념이 '마을 공동체'예요.

　마을 공동체가 있든 없든 마을 자체는 존재하지만 서로 아무 관계도 맺지 않고 살피지 않는다면 행정 구역상 주소만 있는 마을이라고 할 수 있을 거예요.

마을 생태계는 무엇일까요?

'마을 생태계'란 마을을 이루는 다양한 요소들이 어우러지는 모습을 자연에 빗대어 '생태계'라고 부르는 거예요. 마을 생태계에서 가장 중요한 역할을 하는 건 마을에 사는 사람들, 주민이겠지요. 그리고 마을의 주변 환경도 중요합니다. 마을이 아늑하게 산으로 둘러싸여 있거나 근처에 하천이나 공원이 있어서 자연을 가깝게 느낄 수 있다면 주민의 건강과 행복감이 높아지겠지요.

자연적인 요소 외에도 주변 시설이나 건물, 랜드마크도 마을에 영향을 줄 거예요. 마을 안에 있는 가게나 시장도 마을 생태계의 중요한 부분이지요. 예를 들어 매일 인사하며 손님의 안부를 묻는 빵집이 있거나, 10년, 20년 넘게 한자리에 있는 미용실, 동네 단골손님이 많은 카페가 있다면 그곳은 자연스럽게 주민들이 모여서 이야기를 나누는 공간이 될 거예요.

이렇게 마을을 이루는 다양한 요소들이 서로 긍정적으로 관계를 맺는다면 마을 생태계는 건강하고 다양하고 행복해질 수 있어요.

마을 공동체는 왜 중요할까요?

사람이 살아가려면 무엇이 필요할까요? '의식주'라고 하는 기본적인 물자, 옷과 음식을 사고 집을 구하는 데 필요한 돈, 이런 게 먼저 떠오르나요? 그럼 의식주를 다 갖추면 잘 살 수 있을까요?

사람은 사회적 동물이에요. 혼자서는 살아갈 수 없지요. 사회를 이루고 서로 관계를 맺으며 함께 살아가는 존재예요. 마을은 그 공동생활, 사회생활의 가장 기본적인 단위예요. 의식주를 갖추고 잘 먹고 잘 살아도 마을 사람들과 다 같이 어울릴 때 느끼는 행복이 따로 있지요.

현대 사회가 점점 복잡해지고 생활이 개인화되면서 가족 안에서도 단절되는 경우가 많아요. 혼자 사는 1인 가구도 점점 많아지고 있지요. 그래서 집 밖에 나가서 만나는 사람들, 지역 사람들과의 관계, 자유로우면서도 안전한 공동체가 더더욱 필요하답니다.

살기 좋은 마을은 어떤 모습일까요?

마을 공동체는 공간이 무척 중요해요. 주민들이 편안하게 공유하는 사랑방 같은 공간, 예를 들면 나무 아래 평상, 동네 공원, 정자, 놀이터라든가 경로당, 마을 회관, 하다못해 단골 가게라도 있어야 사람들이 모일 수 있겠지요. 이 공간에서 유대 관계를 맺고, 공동의 일과 행사를 치를 수 있거든요. 주민들이 뜻을 모아 가치 있는 일을 함께할 수도 있고, 행정 기관의 공적 지원을 받아서 마을 공동체 사업을 벌일 수도 있어요.

도시에는 아파트 단지가 많은데, 아파트 주민들을 중심으로 작은 도서관을 운영하거나 동아리 활동을 하는 곳도 있어요. 단지 주민들이 모여 잔치를 하거나 운동회를 열기도 하고요. 또 가게가 많은 지역은 상인들을 중심으로 주민들이 뜻을 모아 '비닐봉지 쓰지 않는 날'을 정해 실천하는 마을도 있지요. 지역에 사는 예술가들이 힘을 모아 일일 공방, 전시회, 공연을 열거나 벼룩시장, 아트 숍을 운영하기도 하고요. 마을 주민들이 스스로 기자가 되어 마을 신문, 잡지, 소식지를 만들기도 해요. 또 라디오 방송국을 운영하는 마을도 있답니다. 농어촌 지역에서는 주민들이 단합하여 농촌 스테이, 어촌 체험 프로그램을 만들기도 해요.

마을 공동체는 마을 사람들이 소속감을 느끼며 공유하고 연결되어야 해요. 또 마을 생태계를 이룰 때 가장 중요한 점은 누군가 권력을 가지고 강제로 시켜서는 안 된다는 거예요. 주민의 자발성, 여러 사람의 동의와 합의에 따라 마을 특성에 맞게 운영되어야 해요. 내가 사는 마을을 더 좋게, 더 오래 살고 싶게 만들기 위해 공동의 목표를 가지고 주민들이 함께 큰 그림을 그린다는 마음으로 말이에요.

햇빛이 에너지예요

　재활용 쓰레기를 분리수거 하는 날, 윤미 씨는 억지로 몸을 일으켜서 쓰레기를 버리러 나갔습니다. 고작 몇 계단 내려가 빌라 앞 분리수거장까지 가는데, 그게 그렇게 힘이 들었어요.
　"아아 아, 너무 하기 싫다."
　플라스틱을 모은 봉투, 비닐을 모은 봉투, 스티로폼과 투명 페트병은 따로따로, 거기에 음식물 쓰레기 봉투까지…… 한 번에 들고 내려가려니 손이 대여섯 개는 더 있어야 할 것 같습니다.

"아니, 혼자 산다면서 뭔 쓰레기가 그렇게 많아, 쯧쯧."

계단을 내려가다가 주인아주머니를 만났습니다.

'이런, 잔소리쟁이 집주인을 만나다니.'

윤미 씨는 속으로 구시렁거리며 입술만 쭈뼛거렸어요.

인사도 하는 둥 마는 둥 얼버무리며 슬그머니 주인아주머니를 지나치려는데 아주머니가 큰 소리로 외쳤어요.

"아, 윤미 씨! 저기, 참! 내가 그 이야기한다는 걸 깜빡했다. 저기, 저기, 공동 관리비."

주인아주머니는 건물 관리, 주차 관리, 계단 청소 등에 드는 비용을 입주 가구 수대로 나누어 내고 있다고 말했습니다. 수도세, 전기세, 난방비 등에 대해서도 자세히 안내해 주었지요.

"아, 아, 예. 예."

"참, 그리고! 윤미 씨도 그 태양광 발전기 설치할 테야? 그거 달면 전기세 줄일 수 있어. 설치비는 좀 드는데 이사 갈 때 떼 갈 수도 있고. 길게 보며 이익이야. 저기, 마을 입구에 카페 있지? 거기 가서 물어봐."

'카페? 미래가 알려 줬던 거기인가?'

며칠 뒤 퇴근길. 파란 지붕 건물 1층에 자리한 카페를 지나가고 있었습니다. 집에서 지하철역에 가는 골목에 있어서 매일 그 앞을 지나쳤지만 들어가 볼 생각은 못 했어요. 출근길은 바쁘고 퇴근길은 피곤해서 집으로 곧바로 갔으니까요.

오늘은 유난히 카페 안쪽에서 따스한 불빛이 느껴졌습니다. 작은 불빛이 일렁거리며 커다란 그림자들이 춤추듯이 움직였어요. 전등을 다 끄고 촛불만 켜 놓은 실내에서 사람들이 테이블에 모여 앉아 있었어요.

"어, 미래네?"

미래가 사람들에게 책을 읽어 주고 있었지요. 반가운 마음에 윤미 씨는 문을 열고 카페 안으로 들어섰어요. 문에 달린 작은 종이 딸랑 울리자 손님들이 일제히 윤미 씨를 쳐다봅니다.

"어서 오세요."

미래와 같이 앉아 있던 두 사람이 윤미 씨를 반갑게 맞아 주었어요.

"어, 윤미 언니다!"

책에서 눈을 떼고 미래가 윤미 씨를 알은체합니다.

"미래가 아는 분이야? 이쪽으로 앉으세요."

윤미 씨도 테이블 한쪽에 자리를 잡았습니다.

"미래가 책을 읽어 주고 있었어요. 지구를 위한 날, 전기 쓰지 않는 1시간을 함께 보내고 있거든요."

"언니도 같이 들어요. 마저 읽을게요."

책은 요정과 인어가 주인공인 이야기였습니다. 숲이 불타고, 바다가 성나서 요정과 인어가 사느냐 죽느냐 하는 위기에 몰리는 내용이었어요. 마지막 장을 덮었는데도 주인공의 눈물 어린 눈동자가 어른거렸지요.

"음료 주문하실래요?"
어느새 다가온 사람이 미래 씨에게 음료를 권했습니다.
"언니도 이거 마셔 볼래? 이 카페에서 내가 제일 좋아

하는 메뉴, 민트 초콜릿 아이스."

"그래? 맛있어 보이네. 저도 이걸로 주세요."

"우리 마을 카페 어때? 마을 사람들이 협동조합으로 운영하고 있어. 우리 엄마, 아빠도 조합원이야."

"조합원? 협동조합? 회원이랑 다른 거야?"

반곱슬 커트 머리에 드문드문 흰머리가 섞인 사람이 거들었어요.

"협동조합의 조직원을 조합원이라고 해요. 조합원은 조직 운영에 권리와 의무를 다 갖죠. 어떤 회사나 브랜드의 회원이라고 하면 서비스를 이용하는 소비자거나 단순히 후원하는 사람을 말해요. 반면에 조합원은 협동조합의 주인이자 주체지요. 투표로 협동조합 운영에 의결권을 행사할 수도 있고요. 우리 마을 카페를 예로 들면, 조합원은 이 카페의 주인인 동시에 이용자기도 해요. 권리도 있지만, 책임도 있지요."

윤미 씨 또래로 보이는 다른 사람이 이어 말했어요.

"저도 마을 카페 조합원이에요. 카페를 자주 이용하는 소비자기도 하지만, 카페 운영에 동참한다는 점이 여느 카페와 다른 거죠. 조합원은 돌아가며 한 달에 하루, 반나절 동안 카페를 열고 운영해요."

그새를 못 참고 미래가 끼어들어 윤미 씨에게 두 사람을 소개해 주었어요.

"저분은 지돌. 카페 건너편에 있는 '지구 돌봄 숍' 사장님이야. 여기 윤미 언니는 얼마 전에 이사 왔어요. 이사 오자마자 길을 잃었고요. 킥킥!"

"아하, 윤미 씨도 미래 덕분에 엄지 마을 유명 인사가 되시겠네요. 엄지 마을은 두 사람, 세 사람만 거치면 무조건 미래랑 연결돼요. 미래를 알면 엄지 마을 사람 거의 모두와 아는 거지요. 대단한 미래! 저는 '지돌'이에요. 제로 웨이스트 숍, '지구 돌봄 숍'을 운영하고 있거든요. 지구를 돌보자는 뜻을 담고 있어요. 손님들이 저를 '지구 돌봄 매니저'라고 부르는데 줄여서 '지돌'이라고 부르기도 해요."

"지돌! 언제는 '지속 가능한 돌아이'라면서?"

써니가 킥킥거리며 지돌을 놀렸습니다.

"제로 웨이스트 숍, 많이 들어 보긴 했는데 가 본 적은 없어요. 지구 돌봄 숍에서는 뭘 팔아요?"

"이것저것 많아요. 용기 없이 덜어서 파는 세제나 생활용품, 공정 무역 제품 같은 것들? 엄지 마을에 문을 연 지 1년 안 되는데, 처음보다 상품이 많이 늘었어요. 요즘에는 유기농 농산물도 들여와요. 그때그때 다르지만 곡물이나 견과류, 과일도 가끔 팔아요. 오늘은 월요일 휴무라 쉬고요, 나중에 놀러 오세요."

윤미 씨는 지구 돌봄 숍이 무척 궁금해졌어요.

"윤미 언니, 써니도 처음 만났지? 써니는 이사장님이야."

"이사장님? 우아, 높은 분이에요? 어디에 계시는데요?"

"하하. 높지 않고 낮아요, 한없이 낮아요."

"써니는 엄지 마을 햇빛 발전 협동조합 이사장님이에요. 회사나 기업의 이사장님이라면 지위가 높고 돈도 많이 벌겠지만, 우리 마을 협동조합은 안 그래요. 써니는 협동조합을 위해 가장 많이 애쓰는 사람이에요. 자기 시간과 에너지를 써 가면서 일하지요."

"에구, 안 그래요. 조합원 모두가 가입과 동시에 열심히 참여해 주고 계세요. 함께하는 힘이 있으니 협동조합이 존재하고 나아갈 수 있는 거지요. 한 사람이 아무리 열심히 앞장서서 일한다고 하더라도 조합원들이 같이 손발을 맞춰 한마음으로 활동하지 않는다면 제대로 굴러갈 수 없을 거예요."

　자기소개에 이어 대화는 자연스럽게 햇빛 발전 이야기로 흘러갔습니다.

"햇빛 발전이 태양광 발전을 말하는 건가요? 태양열 발전하고 다른 거죠?"

윤미 씨가 햇빛 발전에 대해 자세히 물었어요.

"네, 맞아요. 전에는 태양열 발전이라고 해서 태양의 열을 전기로 전환하는 데 집중했는데, 최근에는 태양광, 그러니까 빛 에너지를 이용해 전기를 만드는 게 대세예요. 우리 엄지 마을 햇빛 발전 협동조합은 햇빛으로 전기를 만드는 발전 사업을 해요. 가정집 지붕이나 아파트 베란다, 학교 옥상, 주차장에 태양광 발전기를 설치하고 전기를 생산하지요."

윤미 씨 눈동자가 반짝였어요.

"빛이 전기가 된다고요? 더 자세히 알려 줄래요?"

써니는 크게 웃으며 말했어요.

"하하. 저도 신기하더라고요. 태양의 빛 에너지를 전기 에너지로 바꾸는 거예요. 태양광 발전기라고 커다란 판이 비스듬히 설치된 거 본 적 있죠? 그 판을 태양광 모듈이라고 부르는데, 모듈은 셀이라는 단위로 이루어져요. 햇빛이 셀에 닿으면 여기서 물리적 반응이 일어나고 전기가 생겨

나요."

알 듯 말 듯, 쉬운 듯 어려운 듯 윤미 씨에게는 알쏭달쏭한 설명이었습니다.

"언니도 신기하지? 햇빛을 받기만 하면 전기가 만들어진다는 게 정말 신기해. 그래서 사람들이 우리 마을을 햇빛 에너지 마을이라고 부르잖아! 난 우리 마을이 너무 자랑스러워!"

미래가 눈동자를 반짝이면서 말합니다.

"태양은 우리에게 공짜로 따스한 빛도 주고 열도 주잖아요. 이 태양 에너지를 전기 에너지로 바꾸려는 시도는 꽤 오래전부터 있었고 그게 가능하다는 것도 이미 알고 있었어요. 다만 전기를 만드는 기술이 완벽하지 않았고, 비용이 너무 많이 드니까 현실적이지 않았죠. 그런데 이제는 기술력도 뛰어나고 비용은 확 줄었어요."

지돌도 써니의 설명을 거들었습니다.

"화력 에너지에만 기대서는 안 되니까요. 태양광이나 풍력, 지열, 수소, 바이오 에너지 등 신재생 에너지를 개발하지 않을 수 없는 상황이 돼 버린 거예요. 이제 다른 방법

이 없으니까요. 기술 발전은 과학자 몇 사람이 노력한다고 저절로 되는 건 아닌가 봐요. 시대가 변해야 기술도 발전할 수 있는 것 같아요."

써니의 목소리가 조금 달라지더니, 눈빛에 서늘한 그림자가 드리웠습니다.

"2011년 3월 11일을 기억해요. 뉴스로 본 장면이 아직도 생생해요. 파도와 해일, 대지진, 쓰나미가 모든 걸 집어삼키고 쓸어 버리는 모습을 목격했어요. 자연의 힘이라는 게 이렇게 두려운 거구나. 무섭다. 저기에 내가 있었으면, 저게 우리 모습이었을 텐데. 그런데 우리는 자연의 힘을 두려워하지 않고 지구를 파헤치고, 뚫고, 더럽히고, 못쓰게 만든 거지요."

다들 아무 말이 없었습니다. 미래가 음료수를 들이켜는 소리만 쉼표처럼 끼어들었지요.

미래는 입가를 손등으로 쓱 닦더니 뭔가 말을 할 듯이 입술을 달싹거렸지만 아무 말도 하지 않았어요.

"게다가 핵 발전소는 또 어때요. 2차 대전에 사용한 핵폭탄, 거기에 체르노빌 원자력 발전소 사고까지. 그런 참담한 일을 겪고도 우리는 교훈을 얻지 못했어요. 전기 없이 살 수는 없지만, 아직도 그 전기를 얻기 위해 핵 발전소를 짓고 있어요. 그뿐인가요? 수십 년 동안 쌓인 핵폐기물은 어쩌고요? 우리는 자연을 착취해서 문명을 누리고 지구를 망가뜨려요. 그 쓰레기는 미래 세대에게 떠넘기죠. 핵에서 벗어나야 해요! 핵 발전소를 더는 짓지 못하게 하고, 가동 중인 핵 발전소도 중단해야 해요."

써니는 그때부터 탈핵 운동에 관심을 가지고, 탈핵을 목표로 하는 정당에 힘을 보태며 활동을 시작했다고 했습니다.

"두려워만 하며 가만히 있을 수가 없었어요. 뭐라도 해서 바꿔야 하니까요."

"음, 저는요, 음……."

미래는 평소와 다르게 선뜻 말하지 못하고 뜸을 들였어요. 그러더니 주먹 쥔 손으로 가슴을 두드리며 말했어요.

"저는 답답한 게 있어요. 태어나 보니 지구가 이미 망가져 버렸어요. 바다는 오염되고, 공기는 미세 먼지로 가득하고, 코로나19도 그렇고. 마음껏 숨 쉴 수도 없는 세상에 태어난 거예요. 핵 발전소가 너무 무서워요. 핵폐기물은 수만 년이 지나도 위험하대요. 근데 그냥 묻어 버리고 있잖아요. 우리는 이런 지구에서 살고 있어요. 이게 우리 어린이들 잘못이에요? 저는 어른이 될 때까지 살아 있을까요? 미래를 살아갈 우리 어린이들 생각 좀 해 주세요."

벅차서 울 것같이 감정이 차오른 목소리였어요. 어른들은 미래를 위로할 수도, 말을 보탤 수도 없었어요.

윤미 씨도 가끔 그런 생각으로 우울할 때가 있었습니다. 빙하가 녹아 바다에서 먹이를 구하기 힘든 북극곰이 쓰레기통을 뒤지거나 굶주리는 모습을 볼 때, 기상 이변으로 전 세계에서 자연재해가 일어날 때, 그래서 집을 잃고 다친 사람들의 모습을 볼 때 가슴이 답답했어요.

어떤 날은 샤워하면서도 이런 생각을 했습니다.

'언젠가 에너지 문제가 더 심각해지면 뜨거운 물을 쓰지 못할 수도 있겠지. 아니, 물 자체를 구하기 힘든 날이 올 수도 있어. 수도꼭지만 돌리면 집에서 깨끗한 물이 나왔다는 게 전설이 될 수도 있을 거야.'

생각에 잠긴 윤미 씨를 카랑카랑한 미래의 목소리가 깨웠어요.

"그렇다고 어른들 탓만 하지는 않을 거예요. 지구 문제를 해결하지 않으면 나도 그런 무책임한 어른이 되는 거잖아요. 그럴 수는 없어요. 원망스럽지만 뭐라도 해야 해요. 똑같은 어른이 되고 싶지는 않아요."

"그래. 미래 말이 맞아. 백번 옳은 말이야. 뭐라도 해야 해."

"하자! 그래, 뭐라도 하자!"

갑자기 기운이 났는지 써니와 지돌의 목소리가 커졌습니다. 그리고 네 사람은 누가 먼저랄 것도 없이 각자의 음료를 들어 잔을 부딪쳤어요.

'음, 건배는 했는데, 이 분위기 적응이 잘 안되네. 지구방위대라도 결성하나?'

윤미 씨는 쑥스럽고 어색해서 공정 무역 카카오로 만든 민트 초콜릿 아이스만 홀짝거렸습니다.

함께 생각해 봐요!

화석 연료가 뭐예요?

　화석 연료는 말 그대로 화석이 연료가 된 거예요. 박물관에서 화석을 본 적 있나요? 화석은 아주 오래전 지구에 살던 유기 생물이 남긴 흔적이에요. 선사 시대 공룡의 뼈나 고생대 식물의 잎줄기, 호박에 갇힌 모기 등이 오랫동안 땅속에 묻힌 채로 보존되어 화석이 된 거예요.
　이 화석이 엄청난 압력과 열을 받으면 변하는데, 그렇게 만들어진 게 석탄, 석유, 천연가스 같은 연료랍니다.

화석 연료가 왜 문제라는 거죠?

인간이 화석 연료의 가치를 발견하고 본격적으로 쓰기 시작한 건 산업 혁명 이후부터예요. 화석 연료는 다른 연료에 비해서 무게당 에너지 발생량이 아주 커요.

그러다 보니 인류는 화석 연료로 모든 산업을 발전시켜 왔어요. 짧은 시간에 화석 연료를 집중적으로 써 버렸지요. 결국 고갈되어 가는 석탄, 석유를 대신할 자원을 걱정해야 할 정도가 되었답니다.

화석 연료는 효율이 좋지만, 자연환경에 부작용이 따라요. 화석 연료를 태우면 공기 중으로 이산화 탄소 등 온실가스가 나오는데, 온실가스는 지구의 복사열이 우주로 나가지 못하게 만들어요. 대기 중에 온실가스가 많아질수록 지구의 기온이 높아져 온실 효과가 나타나고 지구 온난화가 일어나지요. 또 이상 기후가 발생하며 폭우와 가뭄이 잦아지고, 미세 먼지가 더욱 심해집니다.

그럼 화석 연료 말고 대안이 있나요?

화석 연료 사용을 줄이고 탄소 배출이 줄어들면 지구 온난화, 기후 위기 등의 문제를 해결할 수 있어요.

하지만 지금도 여전히 모든 나라의 생활과 산업이 화석 연료에 의존하고 있어요. 대표적으로 버스, 자동차, 비행기 등 교통수단도 화석 연료로 움직이고 있으니까요. 전기 자동차가 개발돼 판매 중이기는 하지만 전기 또한 대부분 화석 연료를 사용한 화력 발전이나 핵을 이용한 원자력 발전으로 만들어져요.

그래서 많은 나라에서 화석 연료와 전기 대신 사용할 수 있는 재생 에너지를 부지런히 찾고 있어요.

재생 에너지에는 무엇이 있나요?

'재생 에너지'는 재생 가능한 에너지를 말해요. 한 번 사용하고 마는 것이 아니라 사용한 만큼 또 사용할 수 있고, 자연에서 재생산할 수 있다는 의미로 이름을 붙인 거예요.

재생 에너지로는 태양광 에너지, 태양열 에너지, 폐기물 에너지, 지열 에너지, 해양 에너지, 풍력 에너지, 바이오매스 에너지 등이 있습니다.

태양광 에너지와 태양열 에너지는 태양의 빛과 열을 사용해요. 가정집이나 건물 옥상, 공공 기관 주차장에 설치된 태양광 패널을 본 적이 있을 거예요. 빛과 열이 패널을 거쳐 전기로 만들어지지요.

산이나 바다에서 커다란 바람개비처럼 생긴 설치물을 본 적이 있나요? 그게 바로 풍력 발전기예요. 풍력 에너지는 바람의 움직임을 이용하는 거예요.

지열 에너지는 땅속 깊은 곳의 열을, 해양 에너지는 밀물과 썰물의 차이와 파도의 힘을 이용해 전기를 만든답니다.

바이오매스 에너지는 생물 자원을 이용한 에너지로, 주로 목재 찌꺼기를 태운 열이나 옥수수, 사탕수수 등의 식물에서 에탄올을 뽑아내서 얻어요. 또 음식물 쓰레기가 썩거나, 가축의 분뇨가 발효될 때 발생하는 메탄가스 등을 수집해 만들기도 하지요.

재생 에너지로 분류되지는 않지만 수소 에너지도 차세대 에너지로 주목받고 있어요. 수소 에너지는 온실가스 배출이 거의 없다는 장점이 있지만, 에너지 효율이 떨어진다는 단점이 있어요.

끝도 없이 나오는 쓰레기

"어유, 이게 다 뭐야. 나 혼자 만든 쓰레기라니 너무 민망한데……."

다시 재활용 쓰레기를 버리는 날이 돌아왔습니다. 세탁실 한쪽에 쌓여 있는 쓰레기를 내려다보니 윤미 씨는 한숨이 새 나왔어요. 귀찮아도 종류별로 열심히 분리하는 편이라고 자부하는 윤미 씨였지만, 엄청난 쓰레기양에는 할 말이 없었지요.

택배 종이 상자가 키만큼 쌓여 있습니다. 배달 음식을

먹고 나온 크고 작은 일회용기도 한 더미였어요. 재사용하려고 깨끗이 설거지해 놓았지만 이미 차고 넘쳤지요. 비닐봉지는 또 왜 이렇게 많은 걸까요.

'쓰레기가 너무 많다, 진짜. 죄짓는 기분이야, 쩝. 근데 이게 온전히 내 탓은 아니라고.'

윤미 씨가 쓰레기 앞에서 이러는 건, 해님 빌라 주민들과 주인아주머니 때문입니다. 주인아주머니네는 식구가 셋인데 재활용 쓰레기가 거의 없었어요. 신문지랑 종이 상자, 비닐봉지 뭉치 약간이 전부였지요.

재활용을 위해 분리해서 내놓기는 하지만, 윤미 씨는 의문이 들었습니다.

'아무리 내가 열심히 분리하면 뭐 해? 실제로 재활용되는 양은 얼마 안 된다며? 재활용 쓰레기도 대부분 일반 쓰레기처럼 땅에 묻거나 불에 태워 버린다는데, 우리 눈에 안 보이게 치우면 그만인가?'

혼자 사는 윤미 씨는 필요한 만큼만 적게 사는 것도 쉽지 않습니다. 사과 한 개, 양파 한 개 이렇게 조금씩 파는 곳은 별로 없으니까요. 대부분 많이 살수록 더 싸게 팔기

때문에 조금만 사면 손해 보는 기분이 들었어요. 그러다 보니 미처 다 못 먹고 상해서 버리는 식재료가 많았지요.

문제는 또 있었어요. 마트에서 고기나 토마토, 과자 한 봉지라도 사면 스티로폼 용기, 플라스틱 뚜껑에, 갖가지 포장지가 겹겹이 싸여 있습니다. 과자 한 봉지만 뜯어도 비닐이 몇 개가 나오는지 모르겠습니다.

'소비자인데 선택권도 없는 거야? 이렇게 과대 포장해서 팔아도 나는 살 수밖에 없잖아. 쓰레기는 쓰레기대로 많이 나오고, 결국 분리해서 처리하는 건 내 몫이고. 그럼 국가는? 정부는? 왜 쓰레기 문제를 개인이 더 애써서 해결해야 하느냐고!'

윤미 씨는 평소에 밖에서 음료수를 사서 마시면 아무 데나 버리지 않고 집까지 가져왔어요. 집에서 라벨을 떼고 빈 병을 씻어서 말린 다음, 부피를 줄이고 분리해서 버렸습니다.

윤미 씨가 생각하기에 소비자는 돈을 내고 정당하게 소비하는데 쓰레기에 죄책감을 갖고 분리를 위해 애쓰는 게 이상했어요. 정작 제품을 생산해서 판매하는 기업은 쓰레기에 어떤 책임을 지는지 윤미 씨는 진심으로 궁금해졌지요. 개인이 소비를 줄이고, 플라스틱 사용을 자제하고, 쓰레기를 덜 만드는 것도 중요하지만 그것만으로는 쓰레기 문제를 해결하기 어렵다는 생각이 들었습니다. 분리수거를 하던 윤미 씨는 이런저런 생각에 가슴이 답답해졌어요.

'지구 돌봄 숍 매니저 지돌이랑 이야기를 해 봐야겠어.'

지돌이라면 엄지 마을에서 쓰레기와 플라스틱에 대해 가장 잘 아는 사람이었습니다. 고민을 함께 나누며 답답한 심정을 털어놓을 수 있을지도 몰랐어요.

며칠 뒤, 윤미 씨는 이사 와서 처음으로 지구 돌봄 숍을 찾아갔습니다. 카페에서 인사는 나누었지만, 그래도 혼자서 가려니 살짝 쑥스럽게 느껴졌어요.

고래가 그려진 간판에는 큼지막한 가게 이름과 그 아래 작은 글씨가 적혀 있었어요.

건물 벽면에는 미니 태양광 발전기가 붙어 있었어요. 태양광 발전기에서 만든 전기를 가게로 연결해 쓴다고 들었는데, 바로 그 발전기를 실제로 보니 놀라웠어요.

　윤미 씨가 살그머니 문을 열고 들어가자, 네댓 명의 손님이 제로 웨이스트 제품을 구경하고 있습니다.

　"네, 그 제품은 현지 생산자에게 공정한 대가를 지불하는 공정 무역 제품입니다."

　"아, 그건 사탕이 아니고 고체 치약이에요. 튜브에 담지 않아 쓰레기도 줄일 수 있지요. 습기 없는 곳에 보관하고

쓰세요. 고체로 된 샴푸 바도 좋아요."

지돌은 손님들에게 제품에 대해서 설명하면서 동시에 계산도 하고 있었어요.

"어, 안녕하세요, 윤미 씨! 어서 오세요. 반가워요."

동시에 여러 사람을 상대하느라 정신이 없을 텐데, 지돌은 윤미 씨를 알아보고 밝은 목소리로 인사를 건넸어요.

"아, 안녕하세요."

윤미 씨도 마주 인사하고 가게 안의 무포장 제품을 구경했어요. 지구에도 부담을 덜 주고, 사람에게도 덜 해로운 성분으로 만든 세제, 치약, 샴푸 등이 있었습니다. 재미있는 건, 마트나 백화점처럼 개별 포장한 제품이 아니라, 커다란 통에 들어 있는 내용물을 조금씩 덜어서 판다는 거였어요. 손님은 쓰던 통을 가져와 필요한 만큼만 덜어서 살 수 있어서 좋습니다. 제품을 살 때마다 나오는 플라스틱 쓰레기를 줄일 수 있으니까요. 한쪽 선반에는 곡물도 있었습니다. 쌀, 콩, 밀 등도 필요한 만큼 무게를 달아서 살 수 있었어요.

'앞으로 쌀은 지구 돌봄 숍에서 조금씩 필요한 만큼 사다 먹으면 되겠구나.'

갓 지은 밥을 먹고 싶어서 쌀을 사 놓으면 항상 남아서 버리게 되니까 즉석 밥을 사다 먹었거든요. 따끈한 밥 냄새와 맛을 상상하니 윤미 씨 입에 저절로 침이 고입니다.

지구 돌봄 숍은 편의점의 절반 정도밖에 안 될 만큼 작았습니다. 작은 공간이지만 진열장과 선반, 벽걸이 등을 잘 짜 넣어서 다양한 제품을 보기 좋게 효율적으로 배치했어요. 윤미 씨는 포장 없는 제품들이 신기했지요. 알록달록한 사탕 가게에 온 아이처럼 눈이 휘둥그레지고 입이 헤 벌어졌습니다.

"어, 이것들은 왜 여기에 있나요?"

선반 아래쪽에 뭔가 쓰레기가 담긴 것 같은 상자가 여

럿 보였어요. 하나는 조그만 플라스틱 병뚜껑만 가득 모아 놓고 다른 상자에는 쫙 펴 놓은 우유갑이 켜켜이 겹쳐서 담겨 있습니다.

"지돌, 왜 가게에서 분리수거 쓰레기를 모아요? 대신 버려 주는 건가요?"

"아, 그거요."

지돌이 웃으며 다가왔어요.

"운동이죠, 운동. 소비자를 바꾸고, 기업을 바꾸고, 세상을 바꾸기 위해 할 수 있는 걸 해 보는 거예요. 여기 병뚜껑은 재활용이 가능한 플라스틱이라 모으고 있어요. 병뚜껑으로 화분이나 열쇠고리를 만들 수 있거든요. 우유갑은 깨끗이 씻어서 말리면 휴지를 만드는 펄프로 쓸 수 있어요. 아주 우수한 펄프 재료가 되는데, 일반 종이와 같이 버리면 재활용이 어려워져 폐지가 되기 쉬워요. 그래서 이렇게 모아서 화장지 회사에 전달해요. 우유갑도 분리수거 하면 활용할 수 있다는 걸 보여 주는 거지요."

"이거는요? 이건 햄 통조림 뚜껑 아니에요? 이건 왜 모아요?"

윤미 씨는 눈에 익숙한 노란 뚜껑이 가득 든 상자를 가리키며 물었습니다.

"아, 알아보시는군요. 아시다시피 대기업에서 판매하는 햄 통조림의 뚜껑이죠. 캔 뚜껑이 있는데도 플라스틱 뚜껑으로 한 번 더 포장했어요. 굳이 불필요한 뚜껑을 더해서 플라스틱 쓰레기를 늘리지 말라는 뜻으로, 모아서 본사에 되돌려 보내는 운동을 하고 있거든요."

"와, 놀라운데요! 기업에 직접 요구하는 거잖아요."

"네. 맞아요. 소비자의 힘을 보여 줘야지요. 다행히 요즘에는 플라스틱 뚜껑이 없는 제품이 꽤 나오고 있어요."

"혼자 가게 운영하는 것도 대단한데 그런 생각에, 실천까지 하다니, 진짜 대단하세요."

"지구 환경을 위해 일한다는 마음으로 가게를 차린 거니까 당연한 거예요. 여기서 판매하는 환경 제품은 대량 생산품이 아닌 데다 공정 무역품이 많아서 이익이 높지 않아요. 그래서 아직은 인건비도 안 나오고 가게 임차료 내기에도 빠듯하지만, 차차 나아지겠지요."

윤미 씨는 언제나 씩씩하고 당당한 지돌이 멋지다고만

생각했는데, 경제적으로 어렵다는 이야기를 들으니 안쓰러웠어요. 지돌을, 아니 지구 돌봄 숍이 잘 굴러갈 수 있게 뭐라도 돕고 싶어졌어요. 하지만 쑥스러워서 차마 말은 못 하고 마음속으로 응원했습니다.

'지돌 매니저님, 파이팅!'

그리고 대나무 칫솔, 고체 치약, 고체 샴푸랑 현미 조금, 강원도에서 유기농으로 길렀다는 감자 몇 알을 사 가지고 나왔습니다.

윤미 씨는 지구 돌봄 숍에서 나와 카페에서 느긋한 오후를 보내야겠다고 생각하며, 가볍게 발걸음을 옮겼어요. 카페에 들어가니 눈에 익숙한 뒤통수가 보입니다. 깎아 놓은 밤처럼 동그랗고 야무진 머리통, 미래였어요.

"미래, 안녕!"

반가워서 '솔' 음높이로 말을 걸었는데 미래는 손으로 턱을 받친 채 뒤도 돌아보지 않았어요.

"미래, 왜? 무슨 일 있어?"

평소의 미래답지 않게 침울한 얼굴이 낯설어서 슬그머니 걱정이 되었지요.

"언니. 언니도 그렇게 생각해?"

"뭐가?"

"쓰레기를 줄이고, 일회용기는 되도록 쓰지 않고, 담배꽁초를 줍고, 안 쓰는 전자 제품은 플러그를 뽑는 거…… 이런 행동이 다 쓸데없는 거야? 그런 거야?"

"무슨 말이야? 그럴 리가 있나? 아주 중요한 실천이지. 지구를 위해 뭐라도 하겠다고 미래 네가 말했잖아. 그런데 왜? 왜 갑자기?"

"나 한 사람 플라스틱 안 쓴다고 뭐가 바뀌겠어."

미래의 눈이 촉촉해지면서 눈물이 차올랐어요.

"우리 반 어떤 애가 나한테 그랬어. 내가 지구를 구한다며 앞장서서 나대는 게 꼴 보기 싫다고. 지구 문제를 해결할 수 있다는 건 다 거짓말이래. 아무 소용 없으니까 혼자 나서지 말래."

언제나 당차고 씩씩한 미래였습니다. 그런 미래도 친구의 한마디에 상처를 받는 아이라는 걸, 윤미 씨는 새삼 깨달았어요. 조그맣고 말간 얼굴이 달아오르며 눈물을 꾹 참는 모습이 안쓰러우면서도, 동시에 사랑스럽고 참 귀여웠지요.

"아, 우리 미래한테 누가 그런 말을 했을까. 그 친구도 참……. 미래가 실천하고 행동하는 멋진 사람이라 질투하는 것 같은데. 음, 부러워할 수는 있지만 말은 가려서 해야 하는데."

"언니, 정말 거짓말이야? 지구 문제는 해결할 수 없는

거야? 우리가 노력하고 걱정하는 게 다 쓸데없는 짓이야?"

맑은 눈망울을 한 미래의 물음에, 윤미 씨는 어른으로서 부끄럽고 미안한 마음이 한꺼번에 몰려왔습니다. 윤미 씨도 눈시울이 뜨거워졌지만, 침을 꿀꺽 삼켰어요. 제대로 답하기 위해서, 어른으로서 믿음을 주기 위해서 힘주어 말했습니다.

"아니야, 아니야. 그렇지 않아. 지금 지구는 위기에 처해 있어. 우리는 지구를 너무 파헤치고 함부로 자원을 갖다 썼어. 내일이 없는 것처럼 흥청망청했지. 진작부터 이런 위기를 경고한 목소리도 있었지만 외면하고 지냈어. 근데 이제는 정말 시간이 별로 없어. 그러니까 말이야, 너의 행동은 아주 값진 거야. 우리 모두 지금 당장 실천하고 행동해야 해. 그게 제아무리 작고, 미미해도 의미가 있어. 너는 아주 잘하고 있는 거 맞아. 나 같은 사람도 부끄러워서 달라지게 만들었잖아. 그렇지?"

수다쟁이 미래가 윤미 씨의 말에 웬일로 토를 달지 않습니다. 그냥 입술을 꼭 다물고 윤미 씨와 눈을 마주쳤어요. 그 눈빛이 무겁고도 힘 있게 느껴졌지요.

'적어도 미래, 네 앞에서는 부끄럽지 않은, 노력하는 어른으로 살게.'

윤미 씨는 이 말을 마음속으로만 속삭였습니다.

> **함께 생각해 봐요!**

패스트 패션이 뭐예요?

　패스트푸드는 잘 알 거예요. 주문 즉시 간편하게 조리해서 빠르게 나오는 음식이라서 '패스트푸드'라고 해요. 햄버거, 치킨이 대표적인 패스트푸드지요. 그러면 패스트 패션은 뭘까요? 최신 유행에 맞춰 빠르게 만들어서 파는 옷을 말해요.

　요즘은 저렴한 옷을 계절마다 새로 사고, 전에 입던 헌 옷은 버리는 경우가 많아요. 패션 업계의 마케팅 방식이기도 하지요. 소비자에게 10만 원짜리 옷을 한 벌 파는 게 아니라 1만 원짜리 티셔츠를 열 장,

스무 장 자주자주 사게 만들어서 매출을 올리는 거예요.

패스트 패션이 뭐가 문제라는 거죠?

　패스트 패션은 소비자가 옷을 잠깐 입고 버리게 하고, 새 옷을 자주 사게 만들어요. 자원을 낭비하고, 환경 파괴를 불러일으키지요. 또 판매 가격을 낮추기 위해 해외 공장 생산자들이 인권과 안전을 보장받지 못하는 환경에서 낮은 임금을 받고 일하고 있어요.

　그동안 패션 업계에서는 싸고 튼튼하다는 이유로 합성 섬유, 폴리에스터를 많이 썼어요. 폴리에스터는 석유에서 뽑아낸 플라스틱 물질이에요. 플라스틱 섬유로 만든 옷은 세탁할 때 잘게 부서져 미세 플라스틱이 나와요. 미세 플라스틱은 미세 먼지처럼 너무 작아서 걸러지지 않은 채 하천으로, 바다로 흘러가지요. 그리고 물속에 사는 물고기의 몸으로 들어가고, 그 물고기를 먹은 사람의 몸속에 쌓인답니다.

소비자가 기업을 바꿀 수 있다고요?

　현명한 소비자들 사이에서 패스트 패션을 멀리하는 움직임이 일어나고 있어요. 이에 발맞춰 전 세계적인 규모의 의류 기업들이 친환경 소재를 사용하거나, 버려지는 폐그물, 현수막, 포장지 등을 활용해 섬유와 옷을 만들기도 해요. 이렇게 대형 기업도 환경 윤리적 기준이 나날이 높아지는 소비자의 마음을 붙잡기 위해 여러 가지 변화를 꾀하고 있답니다.

어떻게 윤리적 패셔니스타가 될까요?

꼭 새 옷을 사고, 옷이 많아야 패셔니스타가 될 수 있는 건 아니에요. 내가 가지고 있는 옷으로 어떻게 스타일링 하느냐에 따라 색다른 변화를 줄 수 있어요. 양말이나 모자 등의 소품을 활용하는 방법도 있고요.

엄마나 할머니의 옷장을 탐구하는 방법도 있어요. 유행은 돌고 돈다는 말을 들어 봤나요? 과거의 스타일을 따라 하는 것도 남다른 패션이 된답니다. 지금은 없는 디자인이나 독특한 색감의 옷도 가끔 도전해 보는 건 어떨까요?

그리고 아나바다(아껴 쓰고, 나눠 쓰고, 바꿔 쓰고, 다시 쓰기) 장터나 벼룩시장에 나가 보세요. 헌 옷을 모아 파는 중고 옷 가게도 있어요. 그런 가게에서 물건을 사면 보물찾기를 하는 것 같은 특별한 재미가 있답니다.

좀 더 적극적으로 패셔니스타가 되는 방법도 있어요. 옷의 디자인을 살짝 바꾸는 거예요. 길이를 줄이거나 늘이고, 다른 천을 덧대서 '리

폼' 하는 거예요.

　옷을 고를 때에는 옷의 소재를 확인하는 것도 잊지 마세요. 플라스틱으로 만든 합성 섬유보다는 면, 마 등 천연 섬유로 만든 옷이 미세 플라스틱 걱정도 덜고 피부 트러블도 일으키지 않아요. 또 동물의 털이나 가죽으로 만든 옷은 입지 않는 게 좋아요. 동물을 학대해서 생산한 가죽 제품 대신 선인장이나 한지 등 식물성 재료로 만든 다양한 비건 가죽 제품을 선택할 수 있어요.

'고기'라고 불리는 동물

윤미 씨는 오랜만에 회사에 휴가를 냈어요. 몸이 여기저기 쑤시고 아픈 데다, 마음이 자꾸만 우울해져 부정적인 생각이 계속 들었거든요. 몸과 마음이 한목소리로, 하루라도 쉬어야 한다고 알려 주었지요.

'이러다가는 병이 나고 말 거야.'

이렇게 살다가 죽으면 너무 억울할 것 같았습니다. 매일 아침 출근하면 퇴근할 때까지 책상에 앉아서 눈이 빠지게 컴퓨터만 쳐다보고 일했으니까요. 이렇게 가혹하게 일해야 먹고살 수 있다는 사실을 받아들이기가 점점 힘들어졌지요.

혼자 있으면 기분이 더 가라앉고 처질 것 같아서 윤미 씨는 집을 나섰습니다. 후줄근한 추리닝 바지에 슬리퍼를 꿰고 편안한 차림으로 마을 카페로 향했지요.

마을 카페에 가면 미래도 있을 거고, 미래가 없어도 지금 이 시간이면 같이 한가로움을 즐길 누군가가 있을 거예요. 마을 카페는 농촌의 마을 회관, 시골 마을의 우물가, 한여름 더위를 피하는 정자, 사랑방 같은 곳이니까요.

윤미 씨는 사람들을 만나서 실없는 수다라도 떨 생각에 마음이 조금 가뿐해졌어요. 그런데 카페 근처에 다다르자 큰 목소리가 들려서 당황스러웠어요. 놀랍게도 한껏 성난 목소리의 주인공은 써니였지요. 언제나 상냥하고 사근사근 말하는 써니가 화를 내다니 무슨 일일까요?

윤미 씨가 서둘러 다가가 보니, 길고양이 밥그릇과 물그릇이 엎어져 사방이 엉망이었어요.

"아기 고양이라고! 여리고 약한 생명 하나 돌보는 게 그렇게 안 될 일인가? 같이 좀 살면 안 돼?"

"써니? 왜 그래요? 무슨 일이에요?"

마을 카페는 오가는 사람들의 쉼터이기도 하지만, 목마르고 배고픈 길고양이들의 쉼터기도 합니다. 카페 건물 안쪽에 물과 사료를 항상 채워 두거든요. 얼룩 고양이와 깜장코 고양이가 단골손님이지요. 그런데 길고양이를 못마땅해하는 사람들이 있었나 봐요. 마을 카페에 와서 고양이 먹이를 치우라고 항의했다고 해요.

"사람도 먹고살기 힘든 세상인데 동물까지 신경 쓸 여유가 어디 있어? 게다가 쓰레기통 다 헤집어 놓지, 밤이면 얼마나 시끄러운지…… 하도 울어 대서 잠을 잘 수가 없어. 내가 피해 본 거는 그럼, 당신이 물어 줄 거야?"

카페에서 사료를 주니까 마을에 고양이가 자꾸 늘어나는 거라며 먹이를 주지 말라는 거였어요. 고양이에 대해 편견을 갖고 혐오하는 사람들을 만나면 써니는 인내심을 발휘해 이렇게 말했어요.

"사료를 주니까 고양이가 늘어난다는 말은 사실이 아니에요. 길고양이가 물을 마시고 사료를 먹을 수 있는 안전한 급식소가 있으면, 굳이 쓰레기봉투를 뜯거나 음식물 쓰레기를 헤집지 않아요. 도시에서 먹이를 구하기 어려우니 어쩔 수 없이 쓰레기를 뒤지는 거거든요. 내가 불편하다고 고양이들이 쉴 곳을 엉망으로 만들 권리는 없습니다. 고양이도 생명체고, 당연히 여기에서 살 권리가 있습니다."

윤미 씨도 써니와 마을 카페 덕분에 동물의 권리에 대해 생각하기 시작했습니다. 사람들은 흔히 도시에는 사람만 산다고 생각하지만 곳곳에 수많은 동물이 함께 살아요. 고양이도 그중 하나고요. 그런데 도시의 주인이 사람이라고 착각하는 거예요. 도시도 지구의 일부입니다. 그러니까 도시는 지구처럼 다양한 생물이 함께 살아가는 곳이지요.

윤미 씨는 분이 덜 풀려 식식거리는 써니를 다독이며 쏟아진 사료와 물을 치우고 카페로 들어갔어요.

"아기 고양이들이 먹이를 먹고 있을 때 공격했을지도 모른다는 생각에 너무너무 화가 났어요."

"써니, 마을 카페에서 길고양이에 대한 강의나 캠페인을 해 보면 어때요? 길고양이가 병을 옮긴다거나 먹이를 주면 개체가 늘어난다든가, 그런 오해를 풀고 중성화 수술 같은 올바른 정보를 주는 거죠. 나중에는 마을 곳곳에 고양이 급식소를 만들어서 다 같이 길고양이를 돌보는 마을을 만드는 거예요."

"와, 괜찮은데요! 그럽시다. 좋아요, 좋아요! 고양이들이 안심하고 함께 사는 마을, 그런 마을이 사람들에게도 살기 좋은 마을이잖아요. 고마워요, 윤미 님. 우리, 캠페인 같이 해요."

써니가 윤미 씨 손을 덥석 잡으며 기뻐합니다. 조금 전까지 물기가 촉촉했던 써니의 눈이 금세 웃고 있었지요.

사실 윤미 씨는 그전까지는 동물에 별 관심이 없었어요. 그런데 고양이가 한번 눈에 들어오고 나서부터 달라졌습니다. 고양이들이 위험한 도시에서 어떻게 살아 있는지 놀라우면서도 걱정스럽고 마음이 쓰였습니다. 동물의 생존권에 관심을 가지다 보니 음식을 먹는 일에도 세심해졌어요. 어느 날 카페에서 써니한테 들었던 말이 자꾸 떠올랐거든요.

"윤미 씨, 2021년 우리나라에서만 식육용으로 도살된 동물의 수가 어느 정도인지 아세요?"

"글쎄요. 잘 모르겠어요."

"소, 돼지, 닭, 오리 등등을 합쳐서 11억 마리래요."

"11억이요? 그렇게 많아요?"

그 말을 듣자 윤미 씨는 자신이 야식으로 시켜 먹은 치킨과 외식하면 무조건 고깃집으로 가던 일들이 떠올랐습니다. 동물들을 고기, 오로지 고기로 먹기 위해 태어나자마자 우리에 가둬서 살찌우고 도살하는 장면으로 이어졌어요. 그날 이후, 고기를 먹는 게 미안해지고, 한 번이라도 덜 먹고, 덜 사려고 노력하게 되었지요.

하루는, 윤미 씨가 두부를 넣고 끓인 청국장을 냄비에 담아 마을 카페에 찾아갔어요.

"써니, 아직 저녁 못 드셨죠? 제가 만든 건데 이거 드셔 보실래요?"

"하, 청국장이요? 아, 고마운데, 정말 고마운데요, 윤미 씨……."

써니의 얼굴이 굉장히 복잡하고 불편해 보였습니다.

"아, 청국장을 못 드시나요?"

"아뇨, 아니요. 제가 진짜 청국장 좋아하는데요, 여기는 카페라서요. 카페에서 청국장 냄새가 나면 손님들이 싫어하셔서…… 지금은 먹을 수가 없겠어요."

"아? 그렇죠? 아, 참. 그렇겠네요. 전 미처 그 생각을 못 하고…… 에구, 죄송해요."

윤미 씨도, 써니도 서로에게 미안하고 민망해서 허둥댔습니다.

"참, 윤미 씨. 오늘은 카페를 조금 일찍 닫을 생각이었어요. 괜찮으면 이따 윤미 씨 집에 가서 청국장을 먹어도 될까요?"

"와, 그러면 되겠네요. 좋아요. 해님 빌라, 저희 집 주소 아시죠?"

그날 저녁 써니는 윤미 씨 집에 놀러 왔어요. 윤미 씨는 엄지 마을에 이사 와서 처음으로 손님을 맞았습니다.

"와, 정말 맛있네요. 어떻게 이렇게 깊은 맛이 나죠?"

"아, 맛있다니 다행이에요. 원래 엄마는 청국장에 고기랑 두부를 큼직하게 썰어 넣어서 끓여 주셨거든요. 저는 고기를 안 넣고 만들어 봤는데 그래도 맛있더라고요. 대신 표고버섯을 넣었더니 청국장의 짙은 풍미를 더 끌어 올려 주더라고요. 담백한 두부 맛은 또 얼마나 좋은지! 앗, 청국장이 고기 없이도 이렇게 맛있는 음식이라는 게 신기하기도 하고, 자랑스러운 마음에 그만 너무 저 혼자 떠들었네요……."

써니가 웃음을 터트리고 말았습니다.

"하하하! 괜찮아요. 자랑할 만해요. 윤미 씨의 비건 생활을 응원해요."

"고맙습니다."

"윤미 씨는 지금 아주아주 잘하고 계세요. 처음부터 완전히, 완벽하게 비건이 되겠다고 생각하기보다는 천천히, 조금씩, 한 가지씩. 그렇게 자기만의 방식으로 바꿔 나가는 게 길게 갈 수 있어요. 뭐, 저는 처음에 한 달에 한 번 하는 채식 모임으로 시작했는걸요. 그러다가 일주일에 한 번, 수요일에는 완전 채식하기로 스스로 약속했어요. 그렇게 몇 년이 흐르니 비건이 몸에 배어서 이제는 어렵지 않아요. 다만……."

"다만? 왜요?"

"아직도 마을 카페에서 우유가 들어간 음료를 팔잖아

요? 우유를 안 쓰고 싶은데, 그게 쉽지 않네요."

"아, 우유……!"

윤미 씨는 우유와 치즈, 요구르트 등 유제품을 무척 좋아해요. 처음에 써니가 고기는 물론 우유도, 달걀도 먹지 않는다고 했을 때, '우유와 달걀 없이 어떻게 살 수 있지?'라는 생각이 들었을 정도랍니다. 게다가 어렸을 때부터 우유는 모든 영양소를 골고루 갖춘 완전식품이라는 말을 많이 들어서 우유를 거부하는 게 잘 이해되지 않았어요.

하지만 우유가 완전식품이라는 별명을 갖게 된 게 일종의 마케팅이라는 걸 알게 되었습니다. 속은 듯한 기분이 들었지요. 게다가 우유를 얻기 위해 소를 일부러 교배시킨다는 사실에 불편했어요. 소의 젖은 원래 새끼를 먹이고 기르기 위한 것인데 정작 새끼는 어미 소와 떨어져야 했어요. 우유 소비량은 늘어 가고, 사람이 마실 우유를 생산하기 위해 암소들은 계속 원치 않는 임신과 출산을 반복했어요. 수소는 우유를 만들 수 없으니 식육용으로 도축되었습니다.

"그렇게나 많은 소들이 우유 생산 기계로 살다 죽는 건, 부자연스럽고 비윤리적이잖아요."

써니 자신은 우유를 마시지 않았지만, 카페 메뉴 중에는 우유를 넣은 게 많았어요. 사실 우유 없이 카페 장사를 하기는 어려웠지요.

"우유를 넣지 않고 카페 라테를 만드는 방법을 같이 찾아봐요."

'요즘에는 우유 대신 두유를 써서 카페 라테를 만드는 데도 있다고 들었어. 알아보는 김에 카페에서 팔기에 적당한 비건 메뉴도 생각해 봐야겠어.'

윤미 씨는 어느새 마을 카페 일이든 지구 돌봄 숍이든, 엄지 마을에서 일어나는 일은 다 자기 일처럼 여겼어요. 네 일, 내 일로 나누는 게 아니라 마을 사람들이 같이 고민하고 방법을 찾아 가는 '우리' 일이 되어 버린 거예요. 윤미 씨는 학교나 직장, 친구들이 아닌 관계에서 '우리'라는 느

낌을 받는 게 참 좋았습니다. 엄지 마을이 내가 사는 마을이고, 내가 그 마을의 이웃이 되었다는 점도 좋았지요.

며칠 뒤, 마을 카페에서 만난 미래가 윤미 씨 손을 잡아끌고 카페 건물 옥상으로 데려갔어요.

"언니, 내가 뭐 보여 줄게."

"뭔데?"

"일단 따라와 봐."

"옥상에 올라가도 돼?"

"응, 오늘은 옥상이 열려 있어. '옥상 텃밭의 날'이거든. 짜잔!"

윤미 씨 눈이 휘둥그레집니다. 세상에! 푸른 잎사귀가 한눈에 들어옵니다. 푸성귀와 작은 나무, 꽃과 화분이 옥상을 가득 채우며 자라고 있었습니다.

"와! 대단하다. 이걸 누가 다 키운 거래?"

한쪽에는 나무판자를 이어서 만든 상자 화분이 가지런히 줄을 맞춰 있었습니다. 나무 상자 화분에는 대부분 잎채소와 먹을거리가 자라고 있었고요. 굵은 토마토 줄기가 튼실하게 위로 뻗은 화분도 여럿 있었지요. 또 옥상 반대쪽 화분은 제각각 다른 모양, 다른 재질인 게 독특했습니다. 비닐로 된 비료 포대에 흙을 채워 세워 놓은 화분에는 허

브가 향기롭게 자라고 있었고, 커피 원두를 담았던 삼베 포대를 재활용한 화분은 멋스러운 느낌이 났어요. 버려진 낡은 가죽 부츠에는 가냘픈 채송화가 피어 있었습니다.

"여기 감동이다. 카페에 그렇게 왔다 갔다 했지만 옥상에 이런 멋진 공간이 있는 줄은 꿈에도 몰랐어."

"언니가 이렇게 좋아할 줄 알았으면, 진작에 보여 줄 걸 그랬나 봐. 여기 건물주 아저씨도 우리 마을 카페 조합원이시거든. 아저씨가 옥상을 내주셔서 카페 조합원들이 이렇게 옥상 텃밭을 가꾸고 있어. 우리 집 텃밭은 여기야, 여기."

미래네 텃밭은 스티로폼 상자 네 개였습니다. 쑥갓이랑 상추, 바질, 로즈메리 같은 허브가 자라고 있었습니다.

"택배로 받은 스티로폼 상자를 재활용한 건데, 내년에는 다른 걸로 화분을 쓰려고 해. 스티로폼은 부스러지면 미세 플라스틱이 되니까."

"참, 미래네 학교 급식은 채식이 있니?"

"나물이나 채소 반찬은 나오지. 애들이 잘 안 먹지만."

"아, 내 말은 채식하는 학생을 위한 메뉴 선택권이 있느냐는 말이야."

"선택권? 글쎄, 없을걸. 못 들어 본 것 같아."

"그렇구나."

"학기 초마다 알레르기 식품 조사 같은 거는 해. 어떤 음식을 먹으면 알레르기 반응이 있는지 확인해."

종교적인 이유나 건강상의 이유로 특정 음식을 먹을 수 없는 사람들이 있습니다. 또 지구와 자연환경, 다른 생명을 위해 윤리적인 이유로 비건을 선택한 사람들도 있지요. 그런 사람들은 외식을 하거나 학교, 군대 등에서 단체 급식을 할 때 어려움을 겪습니다. 어떤 음식에 어떤 재료가 들어가 있는지 알려 주지도 않고, 다른 음식을 선택할 수도 없으니까요.

'엄지 초등학교 급식에서 채식을 선택하게 할 수 있을까? 아니면, 일주일에 하루, 고기 없는 식단을 구성하고 채식을 접하는 건 어떨까? 채식도 맛있다는 거, 채식하면 삶이 달라질 수도 있다는 걸 알려 주고 싶은데. 학생들과 학부모들을 만나 볼까? 아니, 영양사부터 찾아가야 하나?'

"언니, 뭘 그렇게 골똘히 생각해?"

미래가 혼자 깊은 생각에 빠져 있는 윤미 씨를 불렀습

니다.

"아, 학교에 비건 데이가 있으면 어떨까 혼자 이것저것 생각해 봤어."

잠시 후 미래랑 윤미 씨는 옥상에서 쌈 채소랑 허브를 양손 가득 잔뜩 따서 내려왔습니다. 헐렁한 셔츠 앞자락에도 듬뿍 채소를 담아 왔습니다. 집에 가는 동안 바질과 로즈메리의 향이 윤미 씨의 온몸을 은은하게 감쌌습니다.

"미래야, 파스타 좋아해? 내가 이 허브를 넣어서 파스타 만들어 줄게."

"나 좋아해, 파스타! 토마토 스파게티 해 줄 수 있어?"

윤미 씨는 그날 저녁 스파게티를 만들었습니다. 미래네도 주고, 써니와 지돌도 맛볼 수 있게 넉넉히 만들었지요. 면 위에 토마토소스를 뿌리고 마지

막으로 바질 잎사귀를 듬뿍 얹었어요. 바질 향과 토마토소스, 따끈한 면 냄새가 한꺼번에 코로 훅 들어왔습니다.

　가족과 토마토 스파게티를 먹은 미래가 사진을 찍어 윤미 씨에게 보냈어요. '엄지 척' 이모티콘을 다섯 개나 붙여서 말이에요.

언니표 스파게티 진짜 맛있어!

네가 기른 허브 덕분에 맛있는 거야.

윤미 씨도 하트 다섯 개를 붙여서 미래에게 보냈지요. 미래가 기른 바질에 감사하는 마음, 또 어딘가에서 파스타 면을 만들기 위해 밀 농사를 지은 농부와 토마토를 기른 농부에게도 고마운 마음이 들었습니다.

'미래야, 고마워. 고맙습니다, 모두들.'

엄지 마을에 온 뒤 윤미 씨는 자신이 한층 의젓하고 커진 느낌이 들었습니다. 우리가 먹는 모든 음식이 사람들과 연결되어 있고, 근본적으로 지구, 자연과 연결되어 있다는 걸 이제 윤미 씨도 잘 느끼고 있었습니다.

> **함께 생각해 봐요!**

고기를 먹는 게 나쁜가요?

고기를 가끔씩, 아주 조금 먹는다면 사실 크게 문제 될 것이 없어요. 문제는 우리가 너무 자주, 너무 많이 고기를 먹는다는 거예요. 그만큼 고기를 많이 생산하기 위해, 공장식 축산 시스템 속에서 많은 동물들이 도살되고 있어요.

예전에 우리나라는 이렇게 고기를 자주, 많이 먹지는 않았어요. 가정 형편에 따라 다르지만 1년에 몇 번, 명절이나 생일날 가끔 소고기를 먹는 게 전부였지요. 그것도 지금처럼 구워 먹는 건 생각도 못 하고, 국거리로 조금 넣은 고기를 건져 먹는 정도였지요.

2020년 우리나라 국민 한 사람이 먹은 쌀이 57.7킬로그램이래요. 그런데 고기는 소고기, 돼지고기, 닭고기를 합쳐서 54.3킬로그램을 먹었대요. 거의 밥 먹는 양만큼 고기를 먹은 거지요. 고기 소비량은 계속해서 급속도로 증가하고 있어요. 이러다가 쌀밥보다 고기를 더 많이 먹는 날이 올지도 모르겠어요.

"저는 고기 별로 안 먹어요. 치킨도 잘 안 먹는데요." 하는 사람들도 있을 거예요. 하지만 삼겹살, 불고기처럼 고기라는 걸 확실히 알고 먹는 경우도 있지만, 우리가 잘 모르고 먹게 되는 고기도 많아요. 가공식품에 고기 성분이 들어간다는 걸 알고 있나요? 냉동 만두 속에도 고기가 있고요, 라면 수프에도 고기 성분이 들어가요. 고깃덩어리가 안 보여도 고기로 육수를 내서 만드는 조미료, 국이나 탕, 반찬이 많답니다. 학교 급식이나 밖에서 사 먹는 음식 중에서 고기가 들어가지 않은 걸 찾기도 어려울 거예요.

고기와 지구가 무슨 상관이 있나요?

공장식 축산은 지구 온난화를 부추깁니다. 사육장 우리에 가둬 놓고 기르는 소, 돼지, 닭의 분뇨는 물을 오염시켜요. 많은 동물을 좁은 곳에 가둬서 집단 사육을 하면 전염병이 퍼지기 쉬워요. 인간과 동물이 가까이 생활하다 보니 원래는 동물 사이에서 전파되는 바이러스가 변종해 사람을 감염시키기도 해요.

또 공장식 축산은 비윤리적이에요. 식육용 동물은 평생 우리에 갇혀서 꼼짝도 못 하고 맑은 공기도 마시지 못해요. 따뜻한 햇볕 한번 쬐지 못한 채 살만 찌우다가 도축됩니다.

우리가 자연환경과 동물권 문제를 위해 할 수 있는 일은 고기를 덜 먹고, 먹더라도 윤리적으로 건강하게 먹는 거예요. 그 방법 중 하나가 바로 '비건'이랍니다.

비건이 뭐예요?

비건을 아주 좁게 정의하자면, 동물에게서 나온 것, 나아가서 동물 실험을 거쳐 생산된 모든 걸 거부하는 행동과 그것을 실천하는 사람을 말해요. 동물을 폭력적으로 대하지 않고, 내 생명처럼 다른 생명을 존중하자는 의미에서 나온 윤리적인 행동이라고 할 수 있지요. 비건을 넓게 보면 이 행동을 바탕으로 기존의 인식과 방식을 바꾸고자 실천하며 살아가는 사람들을 가리켜요.

채식과 채식주의라는 말도 있지만, 이 말은 음식에 한정해서 육식에 반대되는 개념으로만 말하는 거예요. 비건은 더 넓고 적극적인 행동 개념이라고 할 수 있어요.

하루아침에 고기를 끊는 게 쉽지 않다고요?

모두에게 당장 채식이나 비건을 강요할 수는 없어요. 각자 속도에 맞게 자기만의 방식으로 실천하는 게 중요하지요. 치킨 먹는 횟수를 줄이거나, 하루 세끼를 채식으로 도전해 본다거나, 채식 요리법으로 음식을 만드는 것 모두 바람직하고 훌륭하답니다. 어떻게든 고기를 덜 먹으면 자연환경의 오염을 막고 기후 위기도 늦출 수 있지 않을까요?

내가 쓰는 화장품 브랜드가 동물 실험을 거부하는 회사 제품인지 알아보는 것도 중요해요. 동물 실험을 거쳤는지 아닌지 알고 선택하는 건 의미가 있는 일이랍니다. 옷이나 가방을 살 때도 동물 가죽 대신 인조 가죽이나 식물 가죽 등 대체 소재를 쓴 제품인지 꼭 확인하고 고르기로 해요. 윤리적인 소비는 동물도, 사람도, 지구에도 긍정적인 영향을 미친답니다.

하나씩, 천천히 비건이 될 수 있어요

처음부터 모든 걸 비건 방식으로 바꾸려 한다면 지키기 어려운 일이 될 거예요. 아주 작은 것부터 하나씩 비건을 실천하고, 그 실천을 늘리는 게 훨씬 도움이 돼요. 예를 들어 일주일에 하루를 정해 채식하는 것부터 시작해 보세요. 단 하루지만, 채식을 하면 많은 게 달라질 거예요.

우선, 무엇을 먹을지 미리 생각하고 준비해야 해요. 항상 밖에서 사먹는 사람에게는 시장에 가서 신선한 채소와 과일을 사는 일도 목표가 되지요. 또 늘 먹던 된장찌개, 김치찌개를 채식 재료로만 만들려면 새로운 관점에서 생각해야 해요.

과자나 간식을 먹고 싶어도 아무거나 선뜻 고를 수 없을 거예요. 무슨 재료로 만들었는지 확인해야 하지요. 일일이 찾아보는 게 쉬운 일은 아니에요. 제품 뒷면의 식품 성분표를 꼼꼼히 읽어야 하는데, 따져 보고 나면 사 먹을 수 있는 게 그리 많지 않거든요. 그래서 간단한 간식을 직접 만들거나 비건 재료로 대신할 성분을 공부하는 것도 필요해요.

채식을 하면 많은 게 달라져요

잊지 마세요. 우리가 단 하루라도 비건의 방식으로 산다는 건 동물, 자연환경, 지구를 생각하고, 살아 있는 모든 생명체의 아픔에 공감한다는 거예요. 치킨, 돈가스, 삼겹살, 스테이크를 우리는 고기라고 부르지만 사실 원래 우리와 같은 생명을 가진 동물이었잖아요. 과연 동물 중에 고기가 되기 위해 태어나는 생명이 있을까요?

하루만 채식을 해도 많은 게 달라져요. 무엇을 먹을지, 무엇을 살지, 무엇을 거부할지 알게 되지요. 당장 먹는 것부터 시작해서 입는 것, 바르는 것까지 달라져요. 더 나아가서 우리의 생각과 행동을 변화시킨답니다. 한 사람이 다른 사람의 생각과 행동에 영향을 주게 되고, 비건 소비자가 많아지면 기업도 바뀔 거예요. 이제껏 지구와 자연환경, 생명체에 피해를 주던 생산 방식에서 벗어나 다른 방법을 연구하게 되지요.

실제로 생명 존중을 바탕으로 자연 친화적이고 지속 가능한 제품을 만드는 기업이 늘고 있어요. 나의 선택이 나를 변하게 하고, 내가 다른 사람을 변하게 하는 거예요. 이렇게 작은 변화가 모여 큰 변화를 불러일으킨답니다.

당신을 햇빛과 바람의 수호자로 임명합니다

　몇 달 전, 윤미 씨는 엄지 마을 햇빛 발전 협동조합에 가입하고 볕이 드는 베란다 쪽에 미니 태양광 발전기를 달았습니다.

　계기판에 발전량이 표시되는데, 매일 숫자가 바뀌면서 총발전량이 쌓이는 걸 보는 게 즐거웠어요. 설치비가 들기는 하지만 10년, 20년 계속 전기를 만들어 전기세를 절약한다고 생각했을 때, 충분히 설치비 이상의 이득이 있었어요. 게다가 설치비 일부는 시에서 지원해 주었지요.

　그래서 윤미 씨는 직장 동료와 친구들, 새로 이사 온 주민들에게 자랑 겸 홍보를 했습니다.
　"태양광 발전이나 풍력 발전 등 대안 에너지가 절박해요. 에너지 문제에 관심을 두지 않은 채 계속 전기만 쓰는 소비자로 길들면 안 돼요. 원자력 발전소와 화력 발전소는 더 지어서는 안 돼요! 당장 멈추고, 다른 방향으로 나아가야 해요."

써니와 지돌이 그런 윤미 씨를 보고 고마워했습니다.

"윤미 씨 한 사람이 엄지 마을의 몇 사람 몫을 해 주고 있네요. 정말 고마워요."

써니, 지돌, 미래는 윤미 씨를 위해 특별한 자리를 만들었어요. 윤미 씨가 엄지 마을에 이사 온 지 1년이 되었고, 엄지 마을 햇빛 발전 협동조합에 가입해 신규 조합원이 되었으니 이래저래 기념 파티를 열 생각이었지요.

사실 마을 카페에서는 뭔가를 축하하는 자리가 자주 있었어요. 가끔은 주민들끼리 서로 어울리며 재미있게 놀고 싶어서 핑계를 만드는 것처럼 보이기도 했어요.

윤미 씨는 자기를 위한 파티가 마을 카페에서 열린다니 몹시 설렜습니다. 전에도 이사를 몇 번 했지만 아무리 오래 살아도 동네에 특별한 애정을 느낀 적은 별로 없었어요. 반면에 엄지 마을은 1년을 살았는데 아주아주 오래 산 것 같은 기분이 들었어요. 이사 와서 미래를 만나고, 마을 카페를 알게 되고, 퇴근 후에는 주민들과 만나는 자리를 가졌습니다.

마을 사람들과 어울리는 재미를 알게 된 뒤로 마을이 점점 더 좋아지고 애정이 생겼지요. 써니나 지돌은 오랫동안 알고 지낸 친구처럼 가까워졌고요. 지금까지는 회사에서도 학교에서도 또래 사람들하고만 어울리고 나이가 같아야만 친구가 될 수 있다고 여겼어요. 그런데 마을에서 알게 된 사람들은 좋은 이웃이면서도 나이에 상관없이 가까운 친구처럼 느껴졌어요.

윤미 씨는 엄지 마을에 와서 사람과 사람이 어떻게 함께 살아야 하는지를 배운 것 같았습니다. 학교에서도, 집에서도, 직장에서도 가르쳐 주지 않지만 실은 살아가면서 정말 필요한 중요한 가치를 말입니다.

"파티에 어울리는 게 뭐가 있지?"

윤미 씨는 파티에 무슨 옷을 입고 갈지 고민했어요. 얼마 전 동네 바자회에서 샀던 퀼트 치마가 떠올랐어요. 다양한 무늬와 색상이 어우러진 멋진 치마였지요. 좀 오래되었지만 그래서 더 특별하고 독특한 옷이었지요.

"그래. 오늘은 내가 주인공이니까. 조금 튀어도 괜찮겠지?"

평소보다 화려하게, 가슴에 동백꽃 코르사주까지 달고 윤미 씨가 나타났습니다.

"와, 언니 오늘 진짜 멋져! 왜 평소에 이렇게 안 하고 다닌 거야?"

미래가 칭찬인지 야단인지 모르게 큰 목소리로 반겼습니다.

마을 카페에는 써니, 지돌, 미래 말고도 자주 보는 이웃들이 많이 와 있었어요. 윤미 씨가 자리에 앉자 진행을 맡은 써니가 바로 파티의 시작을 알렸습니다.

"이 자리에 함께한 여러분, 모두 고맙고 팔 벌려 환영합니다. 엄지 마을과 지구를 구하는 일에 함께해 주신 고마운 분들만 오셨네요. 우리는 마을에서 같이 살며 지구를 위한 행동을 실천할 사람들이기에 서로에게 더욱 소중한 존재입니다. 그리고 오늘 우리 조합원 중에서도 정말 열심히, 적극적으로 협동조합 활동에 참여한 분이 계세요. 누구인지 다들 아시겠죠? 힌트를 드릴까요? 이분은 엄지 마을에서 사람도 잘 살고, 동물도 같이 잘 살자고 길고양이 캠페인을 제안하셨고요. 또 엄지 초등학교 어린이들이 학교 급

식으로 채식을 접할 수 있게, 주 1회 비건 데이를 만들자는 서명 운동도 열심히 하신 분이에요. 우리의 고마운 마음을 담아서 햇빛 발전 협동조합 '올해의 조합원'상을 드립니다. 앞으로 나오세요, 윤미 님."

윤미 씨는 조금 쑥스러웠지만 자랑스럽고 뿌듯한 마음으로 자리에서 일어났습니다. 초등학생 때도 상을 받아 본 기억이 별로 없는데, 어른이 되어서 여러 사람들의 주목을 받게 되자 윤미 씨는 기분이 묘했어요.

써니는 앞으로 나온 윤미 씨에게 감사패를 건네주었어요. 감사패는 자전거 가게 사장님이 버려진 나무토막을 다듬어 매끈하고 멋지게 만든 거였어요.

이어서 미래가 나오더니 신문지로 포장한 작은 선물을 내밀었지요.

"축하해, 윤미 언니!"

써니는 주민 대표로 온 마음을 담아 축사를 읽었습니다.

이윤미 조합원님.

지구를 걱정하고 인간으로서 부끄러움을 알며

뭇 생명을 소중하게 여기는 당신.

화석 연료 시대에 우리 인간이 파괴한 자연을

이제 돌려놓을 시간입니다.

햇빛과 바람의 보살핌 속에,

시냇물과 하천, 강과 호수, 늪지와 바다가 생명을 품고

나무와 숲이 울창하게 만들어야 합니다.

논과 밭, 과수원을 지속 가능한 방식으로 운영하고

자연이 허락한 회복의 리듬 안에서 생산해야 합니다.

바람이 마을과 산, 사막, 밀림을 가로지르고

자유롭게 흘러서 지구의 숨통이 트여야 합니다.

그래서 우리는 당신을 햇빛과 바람, 생명의 수호자로 임명합니다.

우리는 함께 탄소 중립을 실천하고, 목소리를 내고,

때로는 지구의 피해를 모르는 척하고

넘어가는 이들과 맞설 것입니다.

우리 모두 햇빛과 바람, 생명의 수호자로서.

엄지 마을 햇빛 발전 협동조합 이사장 써니

박수가 터지고 환호가 이어졌습니다. 윤미 씨는 익숙하지 않은 상황이 어색했지만 기분이 썩 좋았어요. 소감을 말하라는 사람들의 성화에 윤미 씨가 조심스럽게 입을 뗐습니다.

"고맙습니다. 우리 엄지 마을에서 햇빛과 바람, 생명의 수호자로 더 열심히 하겠습니다. 이사장님 옆에서 거들고 돕겠습니다. 아, 참! 여러분에게 한 가지 알리고 싶은 게 있어요."

"뭐죠?"

"윤미 씨 좋은 일 있는 거예요?"

"설마 윤미 언니, 이사 간다는 건 아니죠? 그러면 나 울 거예요."

미래는 정말 윤미 씨가 이사 간다고 말하기라도 한 것처럼 울상을 지었어요. 눈물이 곧 떨어질 것 같은 표정이었지요.

사람들이 그런 미래를 놀리며 짓궂게 웃었습니다.

"미래는 언니 이사 간다는 소식만 아니면 다 되는구나. 하하."

윤미 씨는 큼큼 헛기침을 하고, 숨을 고른 다음 조심스럽게 말문을 열었습니다.

"음, 여러분, 제가 다음 달에 책방을 엽니다. 여기 엄지 마을에요. 엄지 초등학교 정문 바로 앞에요. 상가 임대 계약을 마치고, 한창 인테리어 공사 중이에요. 개업하면 우리 책방 많이 많이 사랑해 주세요."

너무 떨리고 긴장해서 윤미 씨는 래퍼처럼 단숨에 말을 쏟아 냈어요. 무슨 말을 했는지 자기도 모를 만큼 떨렸거든요. 얼굴이 빨갛게 달아오르고 어질어질했지요.

잠시 후, 고개를 들어 앞을 보니 사람들이 다정하게 웃으며 박수를 쳐 주었습니다.

곧이어 누군가 큰 목소리로 외쳤습니다.

"와, 우리 마을에 다 있고 딱 하나 없는 게 서점이었는데, 그걸 윤미 씨가 해 주네요."

또 누군가가 답했습니다.

"그럼 이제 엄지 마을은 완벽하네요."

사람들이 다 같이 웃으며 끊임없이 박수를 쳤습니다.

그러자 한 아이가 불쑥 일어나서 야무진 표정으로 물었

어요.

"그 책방은 어린이들이 읽을 책도 많나요?"

"네 네, 그럼요! 동화책도 많고 그림책도 있을 거예요. 꽃집도 같이 할까 생각 중인데, 식물을 팔면서 생태 관련한 책들을 큐레이션 하는 책방은 어떠세요?"

"큐, 큐레숑이 뭐당가?"

윤미 씨처럼 얼마 전 조합에 가입한 김옥분 할머니가 물었어요.

윤미 씨는 또 한 번 얼굴이 화끈 달아올랐어요.

"큐레이션은 골라 준다는 뜻이에요. 나무, 꽃, 자연 등 생태 관련 책을 모아 놓고, 소개도 해 주고 추천도 하는 서점이라는 뜻으로 말씀드렸어요. 쉬운 우리말로 하면 될 것을 괜히 영어 단어를 써서 미안합니다."

이왕이면 모두가 알고, 쉽고 편하게 쓰는 우리말로 이야기해야겠다고 다짐했지요.

"그렇게 말하니까 진짜 책방 주인장 같아요. 윤미 씨, 책방 사장님이랑 잘 어울리는데요!"

사람들이 너도나도 축하해 주었습니다. 윤미 씨는 수줍

어서 오므라들었던 마음이 조금 펴지는 걸 느꼈어요. 따뜻한 목소리가 윤미 씨를 웃게 했지요. 그러자 마음속으로만 생각했던 일들이 조심스레 밖으로 튀어나왔습니다.

"아직 개업 전이지만, 책방을 열면 마을 카페, 지구 돌봄 숍이랑 손잡고 재미있는 일을 더 많이 벌일 거예요. 봄이 되면 볕 좋은 주말에 벼룩시장도 열 거고요."

"언니, 나, 나! 벼룩시장 하면 나도 팔러 나올 거야! 인형이랑 책 모아 둘게."

미래가 손을 번쩍 들고 벌써부터 벼룩시장 한 자리를 찜했어요.

"참! 한 달에 한 번 '하루 비건의 날'을 정해서 채식 도서 이벤트도 생각 중이에요. 아, 그리고 '엄지 마을 비닐봉지 없는 날'도 열 거예요, 전통 시장 상인회랑 가게 사장님들하고 이야기 중이에요. 주민 여러분도 비닐봉지 안 쓰는 날에 모두 동참해 주실 거죠?"

가만히 듣고 있던 지돌이 갑자기 일어나 말했습니다.

"아 참, 생각났다. 윤미 님이 마을 카페에 신메뉴도 제안했다면서요? 우유 대신 두유를 사용하는 두유 라테와 두부 들깨 샐러드도 개발했다고 들었어요."

"와, 책방과 꽃집도 대단한데, 메뉴 개발까지! 능력자였던 거야, 윤미 씨?"

사람들이 추켜세우자 윤미 씨는 얼굴이 달아올라서 볼이 뜨끈뜨끈해졌어요. 그렇지만 기분은 아주아주 좋았지요. 엄지 마을에서라면 자기 모습을 자랑스럽게 여기며, 스스로를 사랑하며 살아갈 수 있을 것 같았습니다.

그리고 앞으로 책방 사장으로 사는 삶을 떠올려 봤습니다. 이웃 주민들, 초등학교에 오가는 아이들을 해바라기처럼 바라보며 엄지 마을에 스며들 자신의 모습을 상상하면서 말입니다.

> 함께 생각해 봐요!

나 혼자 해서 문제가 해결될까요?

지구 온난화니, 기후 위기니 이런 말을 들으면 당장 나부터 앞장서서 어떻게 문제를 해결할지 생각하나요? 아마 대부분 내가 무엇을 할 수 있을지 막막할 거예요.

나 한 사람이 길에 떨어진 담배꽁초를 줍고, 일회용품 사용을 최소화해서 쓰레기를 줄이고, 우유갑을 씻어 말려서 분리 배출한다고 뭐가 그렇게 달라질까 하는 마음이 들 수도 있어요. 한 달에 한 번 고기를 먹지 않고, 동물 실험을 거치지 않은 화장품을 쓰고, 식물 가죽으로 만든 옷을 산다고 해서 기후 위기를 막을 수 있을까 하는 의문도 들 수 있지요.

많은 사람들이 나 혼자서 실천해 봤자 아무 소용이 없다고 생각하며 과연 문제가 해결될지 의심을 품게 돼요. 하지만 그럼에도 우리는 실천해야 해요. 아주 작은 행동일지라도 그 행동은 큰 변화를 위한 시작이 된답니다.

우리가 무엇부터 하면 되나요?

작은 것도, 사소한 것도 좋아요. 산책이나 조깅을 하면서 쓰레기를 줍는 플로깅도 좋고요. 쓰레기를 철저하게 분리 배출하는 것도 도움이 된답니다. 쓰레기차가 분리해서 수거해 가기도 쉽고 그만큼 쓰레기를 재활용하는 확률을 높여 주니까요.

기후 위기를 막고 탄소 중립을 위해 활동하는 시민 단체를 후원하는 것도 방법이에요. 우리의 후원으로 운영되는 단체는 정부와 기업이 자연환경 관련 규제, 방침, 법규 등 국민과의 약속을 잘 지키는지 감시하는 역할을 하기도 해요.

탈핵과 기후 위기 해결을 목표로 활동하는 정당의 당원이 되는 것도 좋아요. 재활용하기 어려운 일회용기를 사용하고 불필요한 과대 포장을 하는 제품에 대해 불매 운동을 할 수도 있어요. 또 기업이 사회적

책임을 다하도록 변화를 요구하는 편지를 쓰는 일도 할 수 있지요.

  이런 방법도 있어요. 햄버거가 먹고 싶을 때 꾹 참고, 고기를 한 번 덜 먹는 대신 집에서 밥과 반찬을 꼭꼭 씹어 먹은 나를 칭찬해 주는 거예요. 또 사용하지 않는 전자 제품이 켜져 있으면 전원을 꺼서 전기를 아끼고, 자주 쓰지 않는 전기 기기는 멀티탭을 이용해서 대기 전력을 줄일 수 있어요. 썩지 않는 물티슈 대신 손수건을 가지고 다니며 쓰는 것도 좋아요. 외출할 때는 텀블러나 물병에 물을 담아서 나가는 방법도 있답니다.

함께하면 정말 더 좋아요?

그럼요, 당연하지요. 혼자 하는 것보다 둘이 하는 게 낫고, 둘보다는 셋이 낫지요. 우리는 모두 지구에 온 손님이에요. 지구는 우리만 살면 그만인 게 아니랍니다. 자연이 주는 선물도 영원하지는 않지요. 우리가 떠난 후 살아갈 미래 세대도 함께 써야 하잖아요.

그러니까 우리 모두 한마음으로 지구와 인류를 걱정하고 문제 해결을 위해 행동하는 건 당연한 일이에요. 지구에서 다 같이 함께 잘 살아가기 위해 한 사람이라도 더 손과 마음을 보태는 건 아주 중요하고 뜻깊은 일이랍니다. 지구와 자연을 위한 그 어떤 행동도 사소한 건 없다는 걸 꼭 기억하고 나부터 실천하기로 해요.

참고 도서와 기사

- 『라면을 먹으면 숲이 사라져』 최원형 글, 이시누 그림, 책읽는곰, 2020.
- 『미래가 온다, 플라스틱』 김성화·권수진 글, 백두리 그림, 와이즈만북스, 2021.
- 『바다의 생물, 플라스틱』 아나 페구·이자베우 밍뇨스 마르칭스 글, 베르나르두 카르발류 그림, 이나현 옮김, 살림어린이, 2020.
- 『발명으로 바다를 구할 테야』 안나 두 글, 김지하 그림, 송미영 옮김, 마술피리, 2021.
- 『쓰레기책』 이동학 글, 오도스, 2020.
- 『오늘부터 조금씩 제로 웨이스트』 장서영(그린라이프) 글, 비즈니스맵, 2021.
- 『우리는 결국 지구를 위한 답을 찾을 것이다』 김백민 글, 블랙피쉬, 2021.
- 『이러다 지구에 플라스틱만 남겠어』 강신호 글, 북센스, 2019.
- 『잘 가, 비닐봉지야!』 양서윤 글, 이다혜 그림, 초록개구리, 2021.
- 『제로 웨이스트 키친』 류지현 글, 테이스트북스, 2021.
- 『지구별을 사랑하는 방법 100』 김나나 글, 앤의서재, 2020.
- 『플라스틱 바다』 찰스 무어·커샌드라 필립스 글, 이지연 옮김, 미지북스, 2013.
- 『플라스틱 세상』 나탈리 공타르·엘린 세니에 글, 구영옥 옮김, 폭스코너, 2021.
- 『플라스틱 없는 삶』 윌 맥컬럼 글, 하인해 옮김, 북하이브, 2019.

- 「신재생에너지와 재생가능에너지, 뭐가 다르지?」 이진선, 그린피스, 2018.02.14.
- 「도시 공간을 먹을 수 있는 '숲밭'으로 만드는 기후농부들」 소란(유희정), 일다, 2021.11.01.
- 「한국은 세계 2위 기후악당… 석탄발전 1인당 온실가스 배출량 中·美 앞질러」 이상현, 프레시안, 2022.05.20.
- 「9.21 기후위기 비상행동 선언문」 기후위기비상행동, 시민건강연구소, 2019.09.23.
- 「2021 세계기후행동의날 선언문」 기후위기비상행동, 한국YMCA연합회, 2021.09.25.
- 「배달 일회용기 매일 1,189만 개… 쓰레기가 배달되는 세상」 지혜롬, TBS뉴스, 2021.09.28.

- 「지나던 시민도 박수… 부산에 울려퍼진 "노후핵발전소 폐쇄"」 정수근, 오마이뉴스, 2023.03.12.
- 「'베지테리언'과 '비건'의 차이는 무엇일까요?」 김유경, SPC MAGAZINE, 2020.04.24.
- 「지구를 살리는 장보기 필수품 '플라스틱없을지도'」 김나현, 그린피스코리아, 2019.05.28.
- 「"숨숨집 치운다고 길고양이 사라지지 않습니다"」 고은경, 한국일보, 2021.01.02.
- 「에르메스·루이비통·구찌… 명품 가죽, 이렇게 만들어집니다」 김유민, 서울신문, 2022.01.01.

도움 주신 분들

양천구 목2동과 동작구 성대골 주민 여러분:

협동조합 카페마을, 제로 웨이스트 숍 '지구살림터', 동네 책방 '꽃피는책', 강서양천시민햇빛발전협동조합, 성대골어린이도서관, 길고양이를 보살피며 크고 작은 생명체를 다정하게 대하는 모든 카페와 동네 책방 사장님들

귀를 기울이면
햇빛 에너지 마을에 놀러 오세요

초판 1쇄 펴낸날 2023년 4월 24일

글 임정은
그림 신슬기
펴낸이 홍지연

편집 홍소연 고영완 이태화 전희선 조어진 서경민
디자인 권수아 박태연 박해연
마케팅 강점원 최은 신종연 김신애
경영지원 정상희 곽해림

펴낸곳 (주)우리학교
출판등록 제313-2009-26호(2009년 1월 5일)
주소 04029 서울시 마포구 동교로12안길 8
전화 02-6012-6094
팩스 02-6012-6092
홈페이지 www.woorischool.co.kr
이메일 woorischool@naver.com

ⓒ임정은, 신슬기 2023
ISBN 979-11-6755-206-8　73330

- 책값은 뒤표지에 적혀 있습니다.
- 잘못된 책은 구입한 곳에서 바꾸어 드립니다.

만든 사람들
편집 전희선
디자인 권수아